Wie man einen Film macht

Dieses Buch ist aus Gesprächen zwischen Claude Chabrol und François Guérif hervorgegangen. März bis Dezember 2002, Paris.

CLAUDE CHABROL, geboren am 24. Juni 1930 in Paris, zählt zu den bedeutenden europäischen Filmregisseuren. Er studierte zunächst Literaturwissenschaften, Jura und Pharmazie in Paris und wurde dann Kritiker bei den Cahiers du Cinema. Im Jahr 1958 stellte er auf dem Festival von Locarno seine erste Regiearbeit *Die Enttäuschten* vor. Er ist einer der wichtigen Regisseure der französischen »Nouvelle Vague du Cinema«.

Claude Chabrol hat zahlreiche Drehbücher geschrieben, Regie geführt, war Produzent und hat bei einigen Filmen Rollen übernommen. Das Bild auf dem Umschlag zeigt ihn als Monsieur Vergne in dem Film *Alle Vöglein sind schon da* von Pierre Zucca.

FRANÇOIS GUÉRIF ist ein bekannter Lektor, Filmkritiker und Schriftsteller. Er hat u.a. mehrere Bücher über Schauspieler und den »Film Noir« veröffentlicht.

CLAUDE CHABROL

~~~~

Wie man einen Film macht

Unter Mitarbeit von
François Guérif

Deutsch von Judith Klein

Autorenhaus Verlag
~~~~

Die Deutsche Bibliothek – CIP-Einheitsaufnahme
Ein Titeldatensatz für diese Publikation ist bei
Der Deutschen Bibliothek erhältlich.

© 2003, Editions Payot & Rivages
Französische Erstausgabe 2003 Paris

Umschlaggestaltung: Sigrid Pomaska
Umschlagabbildung: © 2004 KPA

© 2004 Autorenhaus Verlag
Deutsche Erstausgabe
ISBN 3-932909-46-1

Inhalt

Vorbemerkung

~ ~

Man kann von Filmen der Vergangenheit etwas lernen,
sie analysieren, von der Emotion zur Analyse überge-
hen, aber man sollte auf keinen Fall sagen: »So und nicht
anders wird es gemacht«, denn jeder Filmemacher hat
seine eigene Art, Filme zu drehen. Was ich hier sagen
werde, ist also vielleicht ohne Interesse, denn es gilt nur
für mich.

Meine Methode, einen Film zu machen, ist nicht
dieselbe wie die der anderen Regisseure. Alle Methoden unterscheiden sich. Jede kann für den, der sie
anwendet, richtig sein, und falsch für jeden anderen.
Man kann also nicht von Schulen des Films reden. Von
Schulen des Films zu reden, will also nichts heißen.

Warum macht man einen Film?

Ein Film kostet viel Geld. Wir könnten uns also zunächst fragen, *warum* man einen Film macht, bevor wir sagen, *wie* man es anstellt.

Warum man einen Film macht?

Das hängt von den Beteiligten ab.

Heutzutage genießt das Kino ein etwas eigenartiges Ansehen. Unsere Zeitgenossen wollen nicht *einen Film drehen*, sie wollen »beim Film sein«, was ganz und gar nicht dasselbe ist. Diejenigen, die »beim Film sein« wollen, fühlen nicht wirklich das Bedürfnis, einen Film zu drehen. Es ist ihnen nicht so lebenswichtig wie die Luft zum Atmen. Als ich anfing und noch viele Jahre danach, war es für meine Kollegen der *Nouvelle Vague* und mich undenkbar, etwas anderes zu tun. Wir dachten nur ans Filmen. Heute höre ich die Leute sagen: »Ich würde mich in einem kreativen Beruf wohlfühlen.« Schrecklich. Und das Ergebnis ist entsprechend. Man muss doch wissen, was man machen will.

Zwei Arten von Filmemachern

Man kann sagen, dass es *im Wesentlichen* zwei Arten von Filmemachern gibt: die Erzähler und die Poeten.

Die Erzähler möchten Geschichten erzählen; sie haben keine besondere Weltanschauung im Kopf; sie meinen nicht, irgendwelche bestimmten Botschaften verbreiten zu müssen, sondern sie wollen im Gegenteil den Geschichten, die andere erfunden haben, eine besonders attraktive Form geben. Letzten Endes sind sie fast gezwungen, sich nur für die Form zu interessieren, aber sie müssen es auf sehr gründliche Weise tun. Sogar ein Regisseur, der nichts zu sagen hat, der überhaupt kein Talent als Drehbuchautor und schlimmstenfalls keinerlei Phantasie hat, kann ein ausgezeichneter Filmemacher sein; und zwar wenn er alle – nicht nur die technischen – Parameter beherrscht, die die Komposition eines Filmes ausmachen.

Ich sage »nicht nur die technischen«, denn das Wort »Techniker« hat mich immer amüsiert. Es gibt sehr wenig gute Techniker, große Filmtechniker, und bei ihnen handelt es sich um andere, als man denkt.

Ich erinnere mich daran, dass man in Frankreich Filmemacher, die etwas witzige Filme gedreht haben – Leute wie Ralph Habib oder Gilles Grangier –, für geschickte Techniker hielt. Die Filme von Gilles Grangier zum Beispiel waren einwandfrei gedreht, was aber ihren Wert ausmachte, war ihre Sicht der Dinge. In Frankreich gab es sehr wenige große Techniker, außer vielleicht

~~~~~~

Julien Duvivier. Doch auch er hatte eine persönliche, sehr pessimistische Weltanschauung. Er filmte nicht allein, um bestmögliche Unterhaltungsprodukte herzustellen, wie es Filmemacher wie Richard Thorpe oder Gordon Douglas taten, die keine außerordentlichen Techniker waren, aber ihre Arbeit gut machten. Der Einzige, von dem man sagen kann, dass er ein einzigartiger Techniker war, ist Ernst Lubitsch, denn durch seine Technik gab er den Ton an. Es handelt sich um eine ganz besondere Technik, die viele Möglichkeiten ausschloss, dafür aber andere ungeheuer perfektionierte. Lubitsch schaffte es – allein durch die Art, wie er drehte, das heißt durch die Form –, nicht eine Philosophie, sondern eine »Note«, eine Geisteshaltung auszudrücken.

Poeten haben, wie unsere Nachbarn jenseits des Rheines sagen, eine *Weltanschauung*,[1] die sie vermitteln möchten. Es kommt vor, dass diese Poeten (ich benutze dieses Wort, weil ich kein besseres gefunden habe) auch gute Erzähler sind, was wunderbar ist. Doch sobald ein Erzähler sich eine *Weltanschauung* zulegt, wechselt er unweigerlich auf die Seite der Poeten.

Man könnte sagen, dass der Poet als Filmer *a priori* nobler ist als der Erzähler. Doch zugleich wurden die schlechtesten Filme der Filmgeschichte von Poeten gemacht, denn meist beherrschen Sie einen Teil der Elemente, wie zum Beispiel die Dramaturgie, nicht.

Und viele von diesen Poeten sind Didaktiker (ein

---

[1] Deutsch im Original (die Anmerkungen stammen von der Übersetzerin).
~~~~~~

Beweis dafür, dass das Wort *Poet* nicht ideal ist), das soll heißen, sie haben keine Weltanschauung, sondern Vorstellungen von den Dingen, was nicht dasselbe ist. Diese Leute denken sehr dialektisch und, während sie ihre Vorstellungen entwickeln, erklären sie zugleich, warum andere Vorstellungen nicht gut sind, was auf etwas peinliche Filme hinausläuft – peinlich, weil sie manichäisch und einfach schwerfällig sind. Deshalb neigt das Publikum häufig dazu, Filme von Erzählern als angenehmer zu empfinden. Und natürlich ist ein guter Erzählfilm einem missglückten Poetenfilm vorzuziehen.

Der Poet ist nur deshalb schöpferisch tätig, weil er seine Anschauung umsetzen möchte, die ihm richtig und für das Abenteuer der Menschheit das einzige Mittel zu sein scheint, vorwärts zu gehen. Sein Problem ist dem der Erzähler entgegengesetzt. Bei den Poeten gibt es die »Kühnen«, die häufig von avantgardistischen Ausdrucksformen reden. Das Dumme ist, dass ihre Kühnheiten nicht immer in dieselbe Richtung wie ihre Weltanschauung gehen. Sie sind mehr oder weniger gefangen von der Form, die sie ihrem Werk geben. In gewisser Weise ist Jean-Luc Godard seiner Form ausgeliefert. Deshalb kann er sich keiner größeren Zahl von Zuschauern verständlich machen.

Umgekehrt wollen allzu vorsichtige Poeten zwar ihre Weltanschauung vermitteln, aber ohne dafür einen allzu hohen Preis zu zahlen. Sie sind fähig, sie notfalls zu verraten, um Anklang beim Publikum zu finden. Sie werden zu Erzählern. Das ist nicht negativ. Solche Poeten suchen als allererste nach einem wirkungsvollen Stil, nach einer soliden Dramaturgie, zum Ausgleich dafür, dass ihre Erzählung nicht genau dem entspricht, was sie erzählen wollten.

Auch mir ist das passiert.

Und wenn man dann aus Gründen der Existenzsicherung zum Erzähler wird, kann es ab und zu vorkommen, dass man wider Erwarten auf eine Figur aus der eigenen Welt trifft. Es ist, als ob man unter unbekannten Menschen auf ein vertrautes Gesicht trifft: Es bereitet einem Freude.

Der Begriff der Inszenierung, der Mise en scène

Was bedeutet der Begriff der Inszenierung?
Eine Antwort darauf ist schwer, denn es kommen gleich mehrere Elemente ins Spiel. Zwangsläufig gibt es das dramatische Element, das dem Theater Rechnung trägt: Beim Tonfilm handelt es sich um das Drehbuch, die Dialoge und die Schauspieler. Zugleich modifizieren bestimmte Besonderheiten dieses »Theater«. Dabei ist der Begriff des Malerischen von Bedeutung, der nicht genauso für das Theater existiert; man kann ihn benutzen oder nicht, er bringt die Malerei ins Spiel.

Natürlich ist der Rhythmus wichtig. Es handelt sich um einen Begriff aus der Musik, den man mit Lauten und Wörtern in Verbindung bringt, aber nicht ausschließlich, denn manche Stummfilme besitzen einen musikalischen Rhythmus: Die Musik der stummen Bilder – sie existiert.

Man muss auch noch das erwähnen, was man »die Architektur der Dinge« nennen könnte. Denn der Gegenstand Film muss harmonisch sein. Das Problem rührt daher, dass sich ein Film aus einer bestimmten Anzahl von Sequenzen zusammensetzt – ein bisschen wie ein Haus: Die unterschiedlichen Räume sind die Sequenzen und die Gesamtheit bildet das Haus.

All diese Elemente müssen sich auf die eine oder andere Weise verbinden. Ich will damit sagen, dass bestimmte Filme eher rhythmisch als malerisch sein soll-

~~~~~~

ten, andere eher malerisch als architektonisch, aber jeder Film wird einen Anteil dieser Komponenten enthalten. Kein Film kann vollkommen ohne eines dieser Elemente auskommen (es sei denn, er wäre unter aller Kritik), und wenn doch eines fehlt, so fehlen nie gleichzeitig zwei. Manche Filme zum Beispiel besitzen keine malerische Qualität; sie müssen das dann durch hohe dramatische Intensität oder etwas anderes ausgleichen.

Eines der großen Geheimnisse der Mise en scène ist, vorher zu wissen, was man machen wird. Ich bin von denen fasziniert, die improvisieren. Manche improvisieren sogar beim Dialog, obwohl er zu den Elementen gehört, die als festgelegt angesehen werden können. Dass man etwas Feststehendes in etwas Zufallsbedingtes umwandelt und zwar bei einem Prozess, der ohnehin schon viele Zufälligkeiten enthält, verblüfft mich. Hatte man nicht beabsichtigt, den Zufall möglichst auszuschalten? Nun, nicht unbedingt. Manche Leute werden damit sehr gut fertig.
~~~~~~

Von der Idee zum Exposé

Kommen wir nach diesen Vorbemerkungen zum Kern der Sache. Stellen wir uns einen jungen Regisseur vor, der seinen ersten Film drehen möchte. Wie viele Anfänger reizt ihn der autobiografische Bericht; er möchte erzählen, was er gesehen oder was er erlebt hat. Stellen wir uns vor, dass er das Thema »Frauen sind Luder«[2] wählt. Er denkt nach, die Idee nimmt Gestalt an, er sagt sich: »Ich werde über das Thema einen harten Krimi machen.« Aber damit ist er noch keinen Millimeter weiter.

Dann denkt er: »Um diesen Krimi zu machen, brauche ich zwei Hauptpersonen: ein Luder und einen Typen, der sich übers Ohr hauen lässt.« Er kann sich nun vornehmen, eine Geschichte zu erfinden, oder sich sagen, dass es irgendwo in einem Buch bereits eine ausgezeichnete gibt. Das heißt nicht, dass er sofort die Rechte erwirbt, denn zunächst ist ja noch kein Geld vorhanden. Er informiert sich und, wenn er etwas Glück hat, erfährt er, dass er für einige Monate eine kostenlose Option auf diesen oder jenen Roman erhalten kann.

Er sagt sich: »Ich bin nicht in der Lage, diese Geschichte allein zu schreiben.« Da trifft er einen Freund, der bereit ist, mit ihm zusammen ein Drehbuch zu schreiben. Und zunächst das Exposé. Ein Exposé kann die Dinge voranbringen, wenn es sich um etwa zehn Sei-

---

[2] Anklang an den franz.-ital.-jap.-niederl. Film »Die Frauen sind an allem schuld« von 1963.

~~~~~~

ten handelt, aus denen wirklich die Struktur einer Geschichte hervorgeht. Ein Exposé kann aber auch äußerst
ungünstige Auswirkungen haben und sogar die Chance,
den Film zu machen, untergraben, wenn es sich um
eine falsche Absichtserklärung handelt, die besonders
gewitzt sein soll.

Erste Regel, die man sich merken sollte:

Ein Film kann nicht nach einem Exposé gedreht werden. Man braucht ein Drehbuch.
~~~~~~

Ein Drehbuch folgt genauen Regeln

Beim Drehbuchschreiben müssen genaue Regeln befolgt werden. Falls es sich um den ersten Film handelt, muss man vermeiden, dass der Produzent, dem man das Drehbuch präsentiert und von dem man Geld erwartet – ich wiederhole: ein Film ist teuer –, den Eindruck bekommt, man sei ein Amateur, der nicht einmal ein Drehbuch verfassen kann.

Es muss also so professionell wie möglich geschrieben, das heißt, in Sequenzen unterteilt sein. Ich persönlich rate eher davon ab, technische Anweisungen einzufügen, weil sie falsch und lächerlich sein könnten und weil die Produzenten meist unfähig sind, eine technische Beschreibung in ein Bild umzusetzen. Es ist also überflüssig, solche Risiken einzugehen.

Wie verfasst man ein Drehbuch?

Man muss eine literarische oder theatralische Dramaturgie oder eine Mischung aus beidem zustandebringen. Diese Dramaturgie muss, soweit wie möglich, die rhythmischen und musikalischen Elemente, die der Film haben soll, berücksichtigen. Nach meiner Meinung sollte man sich möglichst früh angewöhnen zu sagen: »Dies ist eine ziemlich langsame Szene, ich muss schneller vorankommen«, oder umgekehrt: »Ich muss eventuell bis zum toten Punkt gehen.« Mit der Zeit lernt man, das Drehbuch wirklich in rhythmische Begriffe zu fassen, die passende Beziehung zwischen Rhythmik und Dramaturgie zu finden. Manche Szenen sind langsam, dramaturgisch gesehen jedoch stark genug, um rhythmisiert zu wirken. Umgekehrt zerstören manche Szenen den Rhythmus, obwohl sie schnell erscheinen.

Reflexion oder Emotion

Es gibt zwei Arten, einen Film zu sehen: als Werk der Reflexion oder als Werk der Emotion.

Viele Filme reflektieren überhaupt nicht, sondern bauen auf Emotionen. Im Augenblick sind bei Regisseuren eher die Emotionen in Mode. Das erlaubt ihnen, sich weniger anzustrengen und den Augenblick hinauszuschieben, in dem sie sich selbst einbringen müssen. Wenn ich eine Szene drehe, in der ein Mann nach langem Zögern schließlich seine Frau tötet, weil sie ihn nicht[3] betrogen hat – eine ziemlich komplizierte Situation –, befinde ich mich in einem Film der Reflexion. Und die Emotionen, die durch das Erdrosseln der Frau ausgelöst werden, sind umso stärker, je intensiver die Reflexion war.

Im Gegensatz dazu gibt es Filme, bei denen sich der Regisseur sagen kann: »Es ist mir egal; die Art der Szenengestaltung interessiert mich nicht; was mich interessiert, ist die Zahl der sich überschlagenden Autos, sind die Effekte; bei den Dreharbeiten werde ich schon sehen.« Das Komische ist, bei den Dreharbeiten stellt sich sehr häufig heraus, dass der Regisseur den Zeitpunkt wieder hinausschiebt und sich sagt: »Ich werde möglichst viele Einstellungen filmen, in allen Richtungen und aus allen Blickwinkeln; bei der Montage werde ich

---

3 In Chabrols Film *La Femme infidèle* (*Die untreue Frau*) von 1968 wird der Ehemann sehr wohl betrogen; er ermordet deshalb den Liebhaber seiner Frau.

schon sehen.« Und wenn er mit der Montage anfängt, macht er möglichst schnell und sagt sich, dass er sich um den Ton erst beim Mischen kümmern wird … Auf diese Weise fabrizierte Filme sind sehr schlecht, denn sie sind nicht geplant und durchdacht. Diese Idee der Emotion – manche Regisseure wollen sie von Anfang bis Ende haben, selbst bei der Herstellung des Films. Über Leute, die etwas »ganz dringend« tun müssen, muss ich lachen. Ganz dringend muss man pinkeln, aber ganz dringend macht man keinen Film.

Bei einem Reflexionsfilm ist es unverzichtbar – ich wiederhole es –, sich vor der Arbeit am Drehbuch zu fragen, welche Art von Film man machen will. Zweifelsohne weniger wichtig, obwohl meiner Meinung nach durchaus nützlich, ist das auch bei einem Film, der ausschließlich auf Emotionen baut, was nicht heißt, dass er auf Sensationen[4] aus ist. Wenn man einen Film realisiert, fühlt man sehr schnell die Notwendigkeit, alles kontrollieren zu müssen. Wie Flaubert, während er *Madame Bovary* schrieb, sagt man sich: »Wie viel Zeit braucht man, um von der Tür zum Fenster zu gehen?« So etwas muss man wissen, damit man sein Gebäude entwerfen kann.

---

[4] Im Französischen kann »sensation« u.a. Emotion (Gefühl) oder Sensation (Skandal) bedeuten.

Das Drehbuch ist ein Gebäude

Ja, das Drehbuch ist ein Gebäude, dessen Bau von Sequenz zu Sequenz voranschreitet. Die Schwierigkeit rührt daher, dass es leichter ist, innerhalb *einer* Sequenz alles ins Gleichgewicht zu bringen als in einer Folge von Sequenzen. Es kann vorkommen, dass man eine bestimmte Anzahl von Sequenzen vor sich hat und in jeder einzelnen stimmt alles. Das Gleichgewicht scheint vollkommen, aber wenn man sie dann verbindet, stellt sich heraus, dass es als Ganzes nicht funktioniert. Doch das Ganze ist entscheidend. Deshalb muss man die Sequenzen eine nach der anderen überprüfen, eventuell Teile von Szenen restrukturieren, das heißt, sie – selbst wenn es unnütz erscheint – entweder kürzen oder sie im Gegenteil ausdehnen, um den Zusammenhalt des Ganzen zu gewährleisten. Es handelt sich um eine Technik, die man mit der Zeit immer besser beherrscht oder anders gesagt: *empfindet*. Auf diese Weise macht man Fortschritte.

Manche machen niemals Fortschritte, weil sie nicht wissen, in welche Richtung sie fortschreiten sollen. Und da bin ich kategorisch: Entscheidend ist das Verhältnis zwischen dem, was man ausdrücken möchte, und dem Schreiben – ich sage bewusst: Schreiben. Alles Übrige ist nur Korrektur bei den Dreharbeiten. Korrekturen an der abstrakten Vorstellung, die wir vom Film haben, und nicht Korrekturen an der Realität des Films, denn die Realität des Films, das sind auch die Schauspieler, die uns gegenüberstehen.

~~~~~~

Dem, was Sie erzählen wollen, müssen Sie in Ihrem Kopf genaue Umrisse geben. Manchmal wissen Sie es noch gar nicht und entdecken es erst beim Schreiben des Drehbuchs. Sie wollen mit diesem oder jenem Thema beginnen, kommen aber bei einem ganz anderen an: Sie hatten vor, einen Film über die Schuld zu drehen und machen schließlich einen Film über die Zeit.

Das ist kein Problem, es genügt, sich dessen bewusst zu sein, um nicht plötzlich überrumpelt zu werden. Ich meinerseits versuche ständig, mir genau vorzustellen, was ich machen will. Das verhindert allerdings nicht, dass ich manchmal trotzdem überrascht bin.
~~~~~~

Eigene Idee oder Adaption?

Ob ich von einer Original-Idee ausgehe oder aber ein Buch adaptiere, das ist für mich beim Drehbuchschreiben das gleiche. Im ersten Fall ist die Arbeit allerdings umfassender, denn man muss selbst erfinden, was man sonst in einem Buch vorfindet: eine Handlung.

Wenn man sich für eine Adaption entscheidet, dann meist, weil die Handlung überzeugend ist und zumindest teilweise Hand und Fuß hat. Man kann versuchen, sie zu straffen oder sie zu verfeinern, wenn man es für nötig hält. Doch im Allgemeinen ist der beste Weg, außerordentlich werktreu zu sein. Fragen ergeben sich allenfalls bei der Auswahl des Buchs, das man adaptieren möchte. Das ist der Nachteil der Adaption. Der Vorteil liegt darin, dass die halbe Arbeit schon gemacht ist.

Ich kann Regisseuren nur den einen Rat geben: Wählen Sie persönlich das Buch aus, das Sie adaptieren möchten. Vermeiden Sie Auftragsarbeit wie: »Hier, lesen Sie das und machen Sie einen Film daraus.« Wenn es nicht Liebe auf den ersten Blick ist, wenn Sie zögern und sich erst einmal sagen: »Mal sehen, was ich tun kann; ich werde versuchen, etwas daraus zu machen«, ist das meist kein guter Ausgangspunkt für einen Film.

Natürlich gibt es Ausnahmen, wie die grandiose von *L'Invraisemblable Vérité (Beyond all Reasonable Doubt; Jenseits allen Zweifels)*.[5] Fritz Lang hat sich da wunderbar

---

[5] Die Titel ohne Anführungszeichen entsprechen den Verleih-

aus der Affäre gezogen, indem er gerade die Schwächen des Drehbuchs nutzte.

Man adaptiert nicht unbedingt, weil man die Handlung oder die Figuren mag, man kann adaptieren, um einen besonderen Rhythmus umzusetzen, eventuell sogar um der malerischen Qualitäten des Buches willen. Stellen Sie sich vor, Sie wären ein amerikanischer Filmregisseur und man würde Ihnen eine mittelmäßige Geschichte anbieten, deren Handlung in der Abenddämmerung der Bayous[6] spielt. Sie sagen sich, dass die Schauplätze und die Atmosphäre interessant sind. Dann stellen Sie sich folgende Fragen:

Welches ist der innere Rhythmus der Bayous?

Wie lässt sich der natürliche Lebensrhythmus der Bayous mit dem Film, den Sie machen, verbinden?

In welchem Moment wird dieser Rhythmus dem von Ihnen im Film gewünschten Rhythmus widersprechen oder ihn unterstreichen?

Wie verhält sich das zur Tiefenstruktur des Films?

Man kommt immer wieder zu denselben Grundideen zurück. Manchen Regisseuren gelingen sehr schöne Filme nach wenigen auf Klopapier gekritzelten Notizen, aber ich habe keine Ahnung, wie sie das schaffen.

Wenn Sie sich für eine Buchadaption entscheiden, ist es im Allgemeinen besser, gleich die Rechte dafür zu erwerben. Allerdings kann es vorkommen, dass Sie sich

titeln, mit Anführungszeichen und nicht kursiv handelt es sich um Übersetzungen des Originaltitels.

6   Wasser- und Sumpflandschaft in Louisiana.

lediglich von einer Idee eines Buches inspirieren lassen und dass Sie sich, wenn es nur um eine Idee geht, nicht gezwungen sehen, die Rechte zu erwerben. Sie verfassen also in aller Freiheit Ihr eigenes Drehbuch. Es kann aber leicht passieren, dass der Film, den Sie dann machen, dem Buch ähnlicher scheint, als er es in Wirklichkeit ist. Sie haben dann die Wahl: Entweder sind die Ähnlichkeiten nicht so groß, dass die Rechte gekauft werden müssen; darin liegt ein gewisses Risiko. Oder die Ähnlichkeiten sind doch so zahlreich und offensichtlich, dass es sich empfiehlt, die Rechte zu kaufen. Alles hängt vom Handlungsentwurf ab.

Nehmen wir einen konkreten Fall:

L'Effrontée (*Das freche Mädchen*) von Claude Miller. Das Drehbuch ging nur sehr partiell auf *Frankie Addams* (*The Member of the Wedding*; *Das Mädchen Frankie*) von Carson McCullers zurück. Dabei ist es offensichtlich, dass Miller durch die Lektüre des Buches auf den Gedanken kam, den Film zu machen. Aber es gibt nur eine ziemlich entfernte Beziehung zwischen dem Buch und dem Film. Miller hat ganz glaubwürdig gesagt, dass sein Film nicht die Adaption von *Frankie Addams* ist, was stimmt. Die Erben von Carson McCullers sahen jedoch eine direkte Beziehung und das Problem war da.

Auch ich habe gelegentlich denselben Ausgangspunkt wie ein Autor benutzt. *Masques* (*Masken*) zum Beispiel ging vage zurück auf eine Inspiration durch *L'Insoupçonnable Grandison* (*The Unsuspected*) von Charlotte Armstrong. Der Film unterscheidet sich stark vom Buch und ähnelt ihm zugleich etwas. Am Ende des Ro-

~~~~~~

mans ist die Heldin von Armstrong in einem Koffer ein-
gesperrt, der auf eine Müllkippe geworfen werden soll.
Ich habe meine Heldin in den Kofferraum eines Autos
gesperrt und es zur Verschrottung geschickt, denn diese
Lösung entsprach dem Sinn der Geschichte. Beide Geschichten, so kann man sagen, gingen in dieselbe Richtung. Was habe ich von Armstrong übernommen? Den
Beruf Noirets, den Sinn der Handlung und das Äquiva-
lent der Müllkippe. Wenig, um den Kauf der Rechte zu
rechtfertigen.
~~~~~~

Die Schauspieler

*Hat die Wahl der Schauspieler einen Einfluss
auf das Schreiben des Drehbuchs?*

Das hängt davon ab, was man machen will: Manche
Filme sind als Produkte konzipiert, und als solche lassen
sie sich »managen«, wie man sagt. Das heißt, man nimmt
diesen oder jenen Schauspieler, befasst sich zunächst
mit der Besetzung und findet auf dieser Grundlage ein
Thema. Die Grundidee ist also eine Idee des Marketings.
Den Markt an die erste Stelle zu rücken ist kein sehr
künstlerisches Verfahren. Abgesehen davon, kann das
Ergebnis vielleicht gut sein, manchmal sogar besser als
bei einem Film mit hohen Ansprüchen.

In Frankreich gibt es eine Art Tradition des Filmpla-
kats. »Filmprodukte« wurden mit dem üblichen Streifen
quer über die Plakat-Fläche angekündigt: Monsieur
Sowieso/Madame Sowieso. Dieser Streifen besagte, dass
es sich um einen Film mit zwei Hauptdarstellern handelte, um ein bestimmtes Schauspielerpaar in diesem
Film. Manche dieser Filme wurden hergestellt, ohne dass
wirklich jemand ein inneres Bedürfnis dazu verspürte:
weder die Drehbuchschreiber, sie zu schreiben, noch
die Regisseure, sie zu drehen, noch die Schauspieler, in
ihnen zu spielen. Sie sind irgendwie zustande gekom-
men und sie ähneln ein bisschen einem Kartenhaus oder
einer Folterkammer im Palast des Briefträgers Cheval.[7]

7 Der Briefträger Cheval (1836–1924) erbaute zwischen 1879

~~~~~~

Trotzdem haben manche ihren Reiz, so etwas kommt
vor.

Solche Filme entstehen oft aufgrund des ersten Erfolgs
eines Regisseurs. Darauf darf man sich jedoch nicht verlassen. Der erste erfolgreiche Film ist nicht unbedingt ein
»Filmprodukt«. Man macht also einen Klon des ersten
Films, und falls dieser irgendeinen Anspruch hatte, wird
der zweite naturgemäß weniger anspruchsvoll sein. Das
Anspruchsniveau lässt mit jedem Klon nach; beim vierten Film bleibt nichts davon übrig.

Ich mag keine Drehbücher, die für ganz bestimmte
Schauspieler geschrieben sind. Selbst wenn ich weiß,
welche Schauspieler spielen werden, schreibe ich nicht
für sie, denn ich habe das Gefühl, dass man dann dazu
neigt, einen Abklatsch zu fabrizieren, ein Déjà-vu.

Ist es für einen der Beteiligten ein inneres Bedürfnis. einen bestimmten Film zu machen, gibt es zwei Methoden,
die sich sehr unterscheiden. Nehmen wir an, die Person,
die das Bedürfnis hat, den Film zu machen, ist der Regisseur. Egal, ob er der Drehbuchautor ist oder nicht, er
kann bei der Endfassung des Drehbuchs entweder berücksichtigen, welche Schauspieler spielen werden, oder
er kann es, obwohl er sie kennt, unbeachtet lassen.

Bei der ersten Methode sagt man sich: Ich werde
diesen Schauspieler haben und seine Eigenarten für die
Dialoge nutzen. Das war ein bisschen die Methode von
Michel Audiard. Sie hat ihre Vor- und Nachteile.

und 1912 in Hauterives (Drôme) ein phantastisches Gebäude,
den »Palais idéal«.
~~~~~~

Der Vorteil ist, dass man auf diese Weise zu sehr wirksamen Dialogen kommen kann, mit Wortspielen, mit poetischen Einfällen, denn man weiß, dass der Schauspieler bei diesem Text sein Bestes geben wird.

Der Nachteil ist, dass man dabei die bekannten Charakteristika des Schauspielers ausnutzt. Am Ende werden sie zu Ticks. Vergessen wir nicht, dass der Augenblick kommt, in dem man das, was man an Schauspielern liebt, zu hassen beginnt, weil sie immer wieder dasselbe tun. Michel Audiard, der sehr tüchtig war, merkte selbst, dass er ein bisschen zu weit ging. Er hörte also damit auf und nahm entweder andere Schauspieler oder fand Mittel, seinen Lieblingsinterpreten überraschende Rollen zu geben. Aber es gelang ihm nicht immer. Deshalb sind die Dialoge seiner eigenen Filme paradoxerweise im Grunde weniger gut als die, die er für andere geschrieben hat. Da ihm deren Inszenierung gleichgültig war, setzte er den Schauspielern zu und trieb die Dinge auf die Spitze, bis sie zu ihrer eigenen Karikatur wurden – was zugleich das angestrebte Ziel war.

Die zweite Methode – nach der ich arbeite –, besteht darin, sich beim Schreiben nur von der Geschichte leiten zu lassen, die man erzählen will, vom Ort, an dem die Handlung spielt, und von der Atmosphäre. Beim Schreiben der Dialoge muss man auch darauf achten, dass jede Person ihre eigene Sprache hat. Und dass diese dem Umfeld der Figur entspricht. Die Dialoge dürfen nicht eintönig sein. Sie müssen *richtig* sein. Der Zuschauer soll sich nicht sagen: »Woher haben die bloß diese Art zu sprechen?«

Der Produzent

Manchmal hat man von Anfang an einen Produzenten. Man macht einen Film für ihn, weil man sich über ein Thema, über ein Buch oder einfach darüber, zusammen einen Film zu machen, geeinigt hat. Meist muss man sich aber, wenn man startet, einen Produzenten suchen. Man präsentiert ihm das Drehbuch, eventuell das Einverständnis der ausgewählten Schauspieler, denen man es vorgelegt hat, die sich aber hüten werden, sich vorher festzulegen.

Selbstverständlich suchen Sie den Produzenten, der zu Ihrem Projekt am besten zu passen scheint. Falls Sie ein derbes Lustspiel machen wollen, gehen Sie besser nicht zu Marin Karmitz. Falls Sie eine absolute Tragödie machen möchten, meiden Sie besser Alain Poiré oder seine Nachfolger. Sie müssen sich über alles informieren. Zum Beispiel bin ich wegen *Le Beau Serge* (»Die Enttäuschten«) zu einem Mann gegangen, der aus der Creuse[8] stammte. Doch man muss aufpassen: Die Tatsache, dass er aus der Creuse stammte, machte seinen Kretinismus nicht wett.

Es gibt – wie bei jedem Beruf – gute und schlechte Produzenten. Ein schlechter Produzent ist leicht zu erkennen: Er hat nur zwei Gedanken im Kopf:

1. möglichst wenig Geld auszugeben;
2. das Maximum zu verdienen.

---

[8] Französisches Département. *Le Beau Serge* spielt in der Creuse.

Sicher, die Mehrheit der Produzenten möchte möglichst wenig Geld ausgeben, was verständlich ist. Ich muss sagen, dass die Produzenten, die das meiste Geld ausgeben, bei weitem nicht die besten sind. Von den Produzenten, die ich kannte, war Herr Salkind, ein ganz reizender und außerdem witziger Mensch, derjenige, der am meisten Geld ausgab (und zwar aus gutem Grund: Er hatte keines). Er war in der Lage, mit seiner Kohle einen Film durcheinander zu bringen, und benutzte dabei ganz extravagante Tricks. Er scherte sich einen Dreck um das Drehbuch, und alle zwei Tage machte er mir Vorschläge wie diesen: »Machen Sie doch eine Szene mit Curd Jürgens« oder: »Claude, wenn Sie möchten, gebe ich Ihnen doppelt soviel Honorar, aber Sie müssen den Film in Budapest drehen.«

Ich habe ihm geantwortet: »Unmöglich, die Geschichte spielt in Paris, unter Amerikanern.« – Er erwiderte: »Ja, aber Sie wissen, in Budapest gibt es eine Brücke, die das genaue Abbild des Pont Alexandre III ist.«[9]

Was konnte ich ihm anderes antworten, als: »Vielleicht, aber man kann nicht einen ganzen Film auf dem Pont Alexandre III drehen.«

Produzenten sind zu allem fähig. Entweder muss man ihnen freundlich erklären, dass ihre Forderungen extravagant sind, oder ihnen in ihr Delirium folgen. Im Grunde bedauere ich, dass ich den Film nicht in Budapest gedreht habe; das Ergebnis wäre ziemlich lustig gewesen.

[9] Pont Alexandre III: berühmte Seine-Brücke in Paris.

~~~~~~

In meinem Berufsleben habe ich mich mit Produzenten um Geld, niemals aber um Themen gestritten. Das war falsch. Es lag daran, dass es mir an Integrität mangelte. Ich schlug ihnen ein Projekt vor. Nach einem Monat sah ich, dass sie nicht nur nichts verstanden hatten, sondern dass sie alles kaputt machen würden, was ich ihnen brachte. Es machte mir Spaß, den Film zu machen, den sie wollten. Sobald sie mit einer Anregung kamen, übernahm ich sie in den Film; das Ergebnis war ein entsetzliches Wirrwarr. Und dann musste ich mir die Vorwürfe gefallen lassen. Es war ihre Kohle, die mich zugrunde richtete. Natürlich ist das auch eine Art, Filme zu drehen.
~~~~~~

Um bessere Filme zu machen ...

Will ein Regisseur bessere Filme drehen, muss er, glaube ich, dem Produzenten nicht das Maß aller Dinge erklären, sondern zum einen das, was er machen will, zum anderen die finanzielle Dimension, soweit er sie überblickt. Dabei darf er nicht mogeln und sich vor allem nicht sagen: »Sobald er mir den kleinen Finger gegeben hat, nehme ich seine ganze Hand.« Sicher kann der Regisseur die ganze Hand nehmen, vielleicht sogar den Arm, aber dann wird man ihm kein Vertrauen mehr schenken. Ein Produzent ist immerhin ein Mensch, der einem anderen ziemlich viel Vertrauen entgegenbringt und ihm einen Geldbetrag gibt, von dem man in den meisten Fällen ein Leben lang bequem leben könnte.

Der erste Rat lautet: Niemals auf Ratschläge hören. Bevor ein Regisseur den Produzenten trifft, muss er wissen – das ist das Hauptkriterium –, ob er wirklich Lust hat, einen Film zu machen, und er muss seine eigenen Wünsche gut kennen. Wenn er eine bestimmte Geschichte erzählen möchte, gilt es zu berücksichtigen, was sie impliziert. Er muss sich – ich wiederhole – die Frage stellen: Reflexion oder Emotion? Wenn er sich einen Reflexionsfilm vorstellt, wird er ihn auf eine bestimmte Weise drehen. Will er einen rein emotionalen Film machen, wird er ihn auf eine andere Weise drehen. Das heißt nicht, dass der eine besser sein wird als der andere. Nur wird der emotionale Film zwangsläufig mehr kosten als der Reflexionsfilm.

Sobald das Projekt angenommen ist, kann der Regisseur dem Produzenten Gehör schenken, ohne mit ihm in Konflikt zu geraten, wie es fast schon Tradition ist. Claude Autant-Lara zum Beispiel legte, sobald er einen Vertrag unterzeichnet hatte, eine Akte an: »Autant-Lara gegen …«, und da trug er den Namen des Produzenten ein. Das ist zwar eine Methode, aber sie ist nicht sehr fruchtbar.

Der Regisseur sollte zuhören können. Er darf sich niemals weigern zuzuhören. Zunächst einmal ist es höflich, sich anzuhören, was die Leute einem zu sagen haben, und außerdem kann man daraus immer irgendeinen Nutzen ziehen.

Ein Beispiel: Der Produzent sagt: »Ich finde diese Szene vollkommen idiotisch, denn mitten in der Nacht kann man doch den Wolf nicht sehen.«

Das stimmt. Ich schlage also vor, eine Kerze ins Fenster zu stellen.

Er sagt zu mir: »Das ist idiotisch, mit der Kerze im Fenster wird man den Wolf auch nicht besser sehen.«

Ich antworte: »Ja, nehmen wir mehr als eine Kerze: einen Scheinwerfer auf dem Dach.«

Er hat also den Einfall des Scheinwerfers auf dem Dach beigesteuert, der niemandem wehtut und der es ermöglicht, den Wolf zu sehen. Wenn ich bei solchen Details nachgebe, kann ich das Wichtige retten und das, woran mir wirklich liegt, durchsetzen.

Die Frage der Dauer der Dreharbeiten

Mit dem Produzenten muss man immer ein wenig um die Dauer der Dreharbeiten kämpfen. Heutzutage weniger, denn der schlechte Schüler Fernsehen zeigt, wie man es nicht machen darf. Je kürzer die Dreharbeiten für das Fernsehen sind, desto schlechter für die Fernsehregisseure und desto besser für die Filmregisseure. Denn die Kinoproduzenten sagen voller Stolz: »Wir sind nicht wie die Fernsehproduzenten, wir lassen euch Zeit zum Nachdenken und Arbeiten.« Das stimmt. Der Regisseur, der in zwanzig Tagen einen Fernsehfilm dreht, hat keine Zeit zum Nachdenken, und es stimmt nicht, dass das besser ist. Nachdenken verbessert immer das Resultat.

Im Augenblick gestehen die Kinoproduzenten den Regisseuren ziemlich viel Zeit zu, sicherlich, weil sie dank neuer Techniken beweglichere Filmteams losschicken können. Lassen Sie mich – im Zusammenhang mit diesen Techniken – dem Abschnitt »Dreharbeiten« vorgreifen.

Meiner Meinung nach beherrscht man die neuen Techniken noch nicht sehr gut, insbesondere das digitale Filmen. Ich bin nicht sicher, ob es wirklich so ausgereift ist, dass man es systematisch verwenden kann. Aber die Kosten, die das digitale Filmen verursacht, sind viel geringer; wir werden es in Zukunft sicher mit drei Formen von Film zu tun haben: den Wegwerf-Filmen, den traditionell mit Kamera und Filmstreifen gedrehten Filmen und den Digital-Filmen.

~~~~~~

Der Wegwerf-Film ist der unbeholfene Film, der weder hergestellt werden sollte noch werden wird; er wird verschwinden.

Der auf traditionelle Weise mit Kamera und Filmstreifen hergestellte Film wird mehr und mehr zu einem Luxusprodukt werden.

Der Digital-Film wird sich in zwei Kategorien aufspalten: gute Moderne und völliger Schund.

Sobald die Technik des Digital-Films ausgereift sein wird, kann man so filmen, wie die Leute es bereits heute gern tun: per Hand, in der Hoffnung, dass das Ergebnis nicht immer so schematisch, so ungeschickt wie in *NYPD Blues* sein wird. Diese Form des Films ist anti-elliptisch: Wenn jemand sein Taschentuch herauszieht, neigt sich die Kamera zur Hand hin, folgt der Hand in die Tasche, erfasst dann, wie sie das Taschentuch herausholt; mit einer normalen Kamera dagegen sieht man, wie die Hand den Bildausschnitt verlässt und mit dem Taschentuch wieder auftaucht, was suggeriert, sie habe es aus der Tasche geholt.

In diesem Buch ist natürlich vor allem von Filmen die Rede, die mit Kamera und Filmstreifen entstehen. Nun, manche stellen Filme auf Filmstreifen her, die den digitalen Werken ähneln sollen, was ziemlich albern ist.
~~~~~~

Die Schauspieler

*Hat die Wahl der Schauspieler einen Einfluss
auf die Herstellung des Films?*

Es gibt Schauspieler, die Ihnen für Ihren Film geeignet erscheinen, und andere, über die der Produzent sagt: »Aus kommerziellen Gründen sollten Sie lieber Monsieur Sowieso oder Madame Sowieso nehmen.« Man sollte diese Dinge beachten.

Die Wahl der Schauspieler hat Auswirkungen auf das Budget. Das *durchschnittliche* Budget eines französischen Films beträgt zur Zeit ungefähr fünf Millionen Euro. Ab einem Budget von drei Millionen Euro braucht man Schauspieler, die dem Publikum bekannt sind. Heute ist die Situation einfacher als früher, durch die Entwicklung der Medien gibt es viele bekannte Namen. Das erleichtert die Dinge.

Nebenbei bemerkt: Der Ruf der Schauspieler hängt von ihren Erfolgen oder Misserfolgen ab. Manche Schauspieler haben sogar den Ruf, Unglück zu bringen. Sie gegenüber dem Produzenten durchzusetzen, ist sehr schwer.

Eine zweite Zwischenbemerkung: Verglichen mit der Zeit, als ich mit dem Filmen anfing, ist das Problem, Schauspieler auszuwählen, heute geringer, denn es gibt weniger Koproduktionen. Außerdem sind Koproduktionen heute nicht mehr denselben Zwängen wie damals unterworfen, nämlich drei italienische oder deutsche oder spanische Schauspieler nehmen zu müssen. Meist handelte es sich um Schauspielerinnen, und einige haben auf diese Weise Karriere gemacht. Ich erinnere mich an eine gewisse Nicoletta Machiavelli, die man zu allen möglichen Filmen heranzog.

Diese Verpflichtungen waren störend, weil sie keine echte Originalfassung in der Originalsprache zuließen. Ich habe immer stark an die Originalfassung geglaubt, an die Realität einer Sprache, die die Sprache des Films ist. Mit Italien funktionierte das immerhin ziemlich gut, denn viele italienische Schauspieler sprechen sehr gut Französisch. Doch die Spanier zum Beispiel hatten meist einen starken Akzent, was die Kohärenz des Films beeinträchtigte. Einer der Gründe, weshalb der italienische Film zugrundegegangen ist (es gibt natürlich noch andere, wie zum Beispiel die Bedeutung des Fernsehens), war das Fehlen einer echten Originalfassung, eines Originaltons: Man traktierte alles mit der Nachsynchronisation. Da es sich in der Mehrheit der Fälle um realistische Filme handelte, war das – vorsichtig ausgedrückt – etwas störend.

Doch kehren wir zur Wahl der Schauspieler zurück. Manchmal ist es nicht schlecht, bei der Besetzung in Bezug auf einen Namen nachzugeben, damit man seine Ruhe für die weitere Wahl der Besetzung hat. Achtung: Wenn ich sage »nachgeben«, meine ich nicht, dass man am Ende mit Schauspielern da steht, die offensichtlich nicht für die Rolle geeignet sind. Ich meine, dass es manchmal nicht schlecht ist, jemanden zu nehmen, der berühmter ist, als jemanden, der weniger bekannt ist,

Ihnen aber geeigneter erscheint. Es kommt sogar vor, dass man angenehm überrascht wird.

Wenn man im Ausland dreht, kennt man die Schauspieler, mit denen man zu tun hat, nicht besonders gut. Man kann Schauspielern begegnen, deren Unfähigkeit grenzenlos ist.

Was mich angeht, führt die Wahl der Schauspieler zu keinen großen Veränderungen meiner Projekte. Sobald ein Schauspieler ausgewählt ist, durch mich oder durch den Produzenten, richte ich es ein, dass ich ihn vor den Dreharbeiten treffe, mit ihm (oder ihr) zu Mittag esse, ihn (oder sie) eine Weile sehe, um herauszufinden, mit wem ich es zu tun habe. Von dem Augenblick an ahne ich, ob wir uns verstehen werden oder nicht. Wenn ich zur Überzeugung gelange, dass wir uns nicht verstehen werden, oder wenn er (oder sie) bereits engagiert ist, mache ich gute Miene zum bösen Spiel. Aber meist ist meine Intuition richtig, und ich verstehe mich gut mit den Schauspielern. Sehr selten ist es mir passiert, dass ich mit Schauspielern arbeiten musste, mit denen ich mich nicht verstand. Wenn ich jedoch vorher weiß, dass wir nicht die gleiche Wellenlänge haben, arbeite ich nicht mit ihnen zusammen.

Hypothese: Der Schauspieler steht am Ursprung des Filmprojekts, er ist praktisch sein Produzent. Als ich *Le Tigre aime la chair fraîche* (*Der Tiger liebt nur frisches Fleisch*) und *Le Tigre se parfume à la dynamite* (*Der Tiger parfümiert sich mit Dynamit*) gedreht habe, wusste ich natürlich, dass Roger Hanin der Star sein würde, weil seine Frau die Produzentin war und er selbst die Themen beigesteuert hatte. In einem solchen Fall hat der Schauspieler selbstverständlich Einfluss auf die Herstellung des Films (milde ausgedrückt) und man muss beim Schreiben des Drehbuchs seine Persönlichkeit berücksichtigen.

Die Schauspieler

Vor den Dreharbeiten

Angenommen, wir haben ein Drehbuch und treffen einen Schauspieler, um ihm vorzuschlagen, eine Rolle zu übernehmen. Er liest das Drehbuch, es gefällt ihm und er ist einverstanden. Jetzt müssen Sie ihn dazu bringen, die Rolle, die er spielen soll, so zu verstehen, wie Sie selbst sie verstehen. Sie können ihm nicht Ihre eigene Sicht aufzwingen. Wenn sie nämlich nicht dem Eindruck entspricht, den er bei der Lektüre des Drehbuchs gewonnen hat, wird er verstimmt sein und das könnte ihn beeinträchtigen. Im weiteren Verlauf wird er sich dann womöglich allzu sehr ins Zeug legen und nicht gut sein. Das Kunststück ist, ihn dazu zu bringen, die Figur so zu verstehen, wie Sie es möchten. Dabei ist jeder Trick erlaubt. Sie fragen ihn zum Beispiel: »Apropos, trinkt Deine Figur morgens Kaffee oder Kakao?« Sie möchten ihn dazu bringen zu verstehen, dass die Figur eine kleine Macke hat. »Nun, was meinst du, Kaffee oder Kakao?«

»Ich hab' keine Ahnung und es ist mir egal.»

»Dir ist es egal, aber ihm nicht! Und meiner Meinung trinkt er eher Kaffee, weil er Kakao für zu weiblich hält. Was meinst du dazu?« Von dem Moment an begreift er – es sei denn, er ist vollkommen blöde –, in welche Richtung er gehen muss. Sie haben ihm den Gedanken nicht aufgezwungen, er kommt von selbst darauf. Und am folgenden Tag wird er mit weiteren Einfällen kommen:

~~~~~~

»Sag mal, ich habe gedacht, wenn du ihn rauchen lässt, dann raucht er eher dunkle Zigaretten.«

Wenn ich mich übrigens vor den Dreharbeiten an die Schauspieler wende oder wenn ich ihnen ein paar Zeilen schreibe, benutze ich immer den Namen, den sie im Film tragen. Hätte ich zur Zeit von *Madame Bovary* an Isabelle Huppert geschrieben, hätte ich sie »meine liebe Emma« genannt.
~~~~~~

Die Schauspieler

Die Schauspielerführung

Lässt sich ein Schauspieler führen? Je nachdem. Es gibt Regisseure, die die Schauspieler ausgezeichnet dirigieren, die immer wieder proben und genaue Anweisungen geben. Ein solches System kann funktionieren (George Cukor zum Beispiel).

Mein System ist anders. Wie ich bereits gesagt habe, sind die Darsteller besser, wenn sie selbst darauf kommen, was sie tun sollen. Dann versuchen sie, Ihnen Freude zu bereiten und zu zeigen, wie geschickt sie sind. Sie versuchen, genau das zu geben, was Sie ihnen erklärt haben. Sie Ihrerseits dürfen sich nicht irren. Ihre Erklärungen dürfen die Darsteller nicht in die Irre führen, denn das ist nicht wieder gutzumachen. Wenn die Schauspieler glauben, genau das zu tun, was Sie wünschen, Sie aber schlecht erklärt haben, was Sie sich vorstellen, und wenn außerdem das, was sie machen, nicht nur Ihren Wünschen nicht entspricht, sondern außerdem schlecht ist, ist alles verloren. Denn dann glauben sie, dass Sie schlecht sind.

Die meisten Darsteller besitzen eine sehr gute Technik, und Sie sollten sich bemühen, die gute Beziehung, die sie zu Ihnen haben, zu pflegen. Es ist überflüssig, sie vor den Kopf zu stoßen. Natürlich müssen sie korrigiert werden, wenn sie sich ein wenig zu sehr ins Zeug legen. Dabei dürfen sie nicht bloßgestellt werden. Sehr oft können Sie eine Korrektur mit Hilfe der Kamera erreichen, indem Sie diese zum Beispiel um einige Zentimeter nach rechts oder nach links bewegen.

Die Beziehung zu den Darstellern ist immer sehr wichtig bei den Dreharbeiten. Ich bin für die sanfte Methode. Andere Regisseure, unter ihnen die größten, können nur in einem – sei es totalen, sei es partiellen – Spannungszustand mit den Darstellern leben. Zum Beispiel Maurice Pialat. Hört die Spannung auf, beginnt die Leidenschaft. So sind solche Beziehungen geartet.

Es ist schrecklich, dass es beim Film keine allgemeinen Regeln gibt. Es gibt unendlich viele Parameter. Es ist schlimmer als beim Wetterbericht: Das Wetter lässt sich nicht auf die Sekunde genau voraussagen. Schlicht und einfach: Der Wahrheit kann man sich annähern.

Will man einen rein emotionalen Film machen, muss man auf Gefühle setzen (außer wenn es um rein physische Empfindungen geht wie bei Fausthieben ins Gesicht). Wenn Sie Szenen drehen, in denen es zum Beispiel um Angst geht, müssen Sie die Darsteller in einen leichten Zustand der Unsicherheit versetzen, sonst werden sie nicht gut schreien können, weil sie sich zu sicher fühlen. Es ist viel besser, dass umgekehrt der Schrei sie im Hinblick auf ihre Gefühlslage beruhigt, denn sie arbeiten ja an ihrem Gefühl. Nachdem sie »gut geschrien« haben, sind sie zufrieden, dem Gefühl der Angst gut Ausdruck verliehen zu haben.

Es kommt auch vor, dass Darsteller Regie führen wollen. Entweder haben solche Schauspieler schon Regie geführt oder sie haben die Absicht, es zu tun, und sind verhinderte Regisseure. Meistens Männer. Vielleicht stört es sie, Puder auf dem Gesicht zu haben, und sie wollen zeigen, dass sie trotzdem viril sind. Es ist schon vorgekommen, dass ich mit Idioten zusammen gearbeitet habe, aber ich habe nie aus Autoritätsgründen am Set Streit gehabt. Wahrscheinlich kommt das daher, dass ich vorher viel nachgedacht habe und daher beim Drehen selten in Verlegenheit komme.

Die Darsteller, die ihre Autorität unter Beweis stellen wollen, nutzen sehr oft die Schwächen des Regisseurs aus, aber wenn er selbstsicher ist, finden sie keine Angriffsflächen. Wenn Sie am Set etwas zu viel nachdenken, wird das ausgenutzt. Wenn Sie dagegen vorher nachgedacht haben, haben Sie immer eine Lösung parat. Das ist wahrscheinlich der Grund, weshalb ich mit bestimmten Schauspielern nicht gedreht habe. Zum Beispiel mit Alain Delon. Wir haben beide klugerweise gespürt, dass nur einer von uns beiden am Set Regie führen kann und dass man es nicht selber sein würde. Folglich war es besser, nicht zusammen zu arbeiten.

Schauspielerinnen versuchen gewöhnlich nicht, ihre Autorität unter Beweis zu stellen, aber sie versuchen, sich zur Geltung zu bringen. Am Anfang denken sie immer, dass sie selbst wichtiger sind als die Geschichte, als das, was Sie erzählen möchten. Sie möchten immer verführen.

Es ist sehr angenehm, mit Frauen zu arbeiten, denn sie sind, weil sie gefallen möchten, technisch gesehen sehr gut. Isabelle Huppert zum Beispiel ist unglaublich. Es reicht, dass ich ihr sage, wo ich die Kamera aufstelle,

~~~~~~

und sie errät sofort, wie die Szene gedreht werden soll, welches ihr Platz im Bildausschnitt ist. Ich muss ihr nichts erklären.

Und dann gibt es noch die Schauspieler, die nur kurze Zeit an den Dreharbeiten teilnehmen. Sie haben die Rolle angenommen, sei es, weil man befreundet ist, sei es, weil die Rolle, wenn auch noch so klein, interessant ist. Die Höflichkeit verlangt es, dass man sie nicht zu sehr gängelt, dass man sie spielen lässt, wie sie es möchten, selbst auf die Gefahr hin, dass man später diskret korrigieren muss. Sie nehmen teil, um einem eine Freude zu bereiten – es wäre also nicht gerechtfertigt, sie unfreundlich zu behandeln.

Schauspieler sind sehr empfindliche Menschen, eine Mischung aus Sich-wichtig-Nehmen und Unsicherheit. Man muss ihnen ziemlich nahe sein, ohne sich ihnen aufzudrängen oder sie zwischen den Dreharbeiten allzu häufig zu treffen.

Man sollte zu den Schauspielern aufrichtig sein und niemals versuchen, sie hinters Licht zu führen.
~~~~~~

Die Dreharbeiten

Kleiner Exkurs

Manche Regisseure ertragen die Anwesenheit eines Produzenten am Set nicht. Sie haben das Gefühl, ihre Autorität würde in Gegenwart eines Mannes, der das Geld gibt, der der Big Boss ist, leider..

Ich dagegen mag es, wenn der Produzent kommt, denn er muss den Mund halten: Am Set befindet er sich in einer untergeordneten Position. Aus diesem Grund lassen sich die Produzenten kaum bei den Dreharbeiten sehen und diejenigen, die es doch tun, sind verkappte Regisseure. Wenn einer von ihnen käme und sich einmischen würde, müsste ich sofort reagieren. Oder ich würde ihn den Film selber drehen lassen. Er könnte seinen Namen darunter setzen und meinen Scheck einlösen. Das ist nicht meine Art, einen Film zu machen.

Die Inszenierung, die Mise en scène

Als Anfänger habe ich gesagt, man brauche nicht mehr als vier Stunden – und zwar, wenn man nicht begabt ist –, um zu lernen, wie man einen Film inszeniert. Ich bin immer noch dieser Meinung. Vier Stunden reichen, um zu lernen, was *notwendig* ist: die Wahl der Objektive, die kleine Grammatik der Blickrichtungen, die Kameraführung, die Schärfentiefe.[10] Rufen wir uns einige Grundprinzipien in Erinnerung.

Die Grammatik der Blickrichtungen

Man muss sie lernen, um sie unter Umständen missachten zu können, so wie man die Grundregeln der Grammatik lernt, um vielleicht einmal gegen sie verstoßen zu können. Es ist sehr einfach: Wenn zwei Personen miteinander sprechen und wenn man eine Einstellung von der einen und eine von der anderen aufnimmt, dann muss, wenn eine der beiden Personen nach links blickt, die andere nach rechts blicken. Wenn beide in dieselbe Richtung blicken, sehen sie sich logischerweise nicht. Das ist das Grundprinzip, man nennt es die 180-Grad-Regel (die Kamera darf die imaginäre Linie, die beide Personen verbindet, nicht überschreiten). Blickfehler sind äußerst störend. Allerdings darf man – vorausgesetzt,

[10] Auch: Tiefenschärfe.

man verliert die Kontrolle nicht – diese Regel verletzen, denn mit einem syntaktischen Fehler kann man einen besonderen Effekt erzielen.

Die Wahl der Objektive

Bei der Wahl der Objektive ist entscheidend, welches Verhältnis man zwischen dem zu filmenden (fokalen) Objekt und dem Rest herstellen will. Manchmal ist der Hintergrund am wichtigsten; dann wird man ein Objektiv kürzerer Brennweite wählen, um einen großen Schärfenbereich zu erhalten. Je näher man kommt, desto mehr Großaufnahmen macht man, desto verschwommener wird der Hintergrund und desto mehr wählt man lange Brennweiten.

Die Totale eines Schauplatzes in langer Brennweite lässt ihn etwas flach wirken, verleiht ihm jedoch Charakter und Präsenz. Zu berücksichtigen ist, dass man nicht eine Person im Vordergrund und einen Hintergrund in langer Brennweite haben kann. Man kann nicht zugleich scharf auf die Augen des Helden und auf den Hintergrund einstellen, das liegt an der Schärfentiefe.

Die Schärfentiefe

Die Schärfentiefe nimmt mit der Verkürzung der Brennweiten zu. Je kürzer die Brennweite, desto größer die Schärfentiefe, jedenfalls in der Theorie. Davon abgese-

~~~~~~

hen sind manche Objektive qualitativ besser als andere. Außerdem nimmt die Tiefe mit dem Schließen der Blende zu, die die Lichtmenge zumisst, die in das Objektiv eingelassen wird. Wenn Sie über sehr viel Licht verfügen, können Sie eine größere Schärfentiefe erreichen. Die Tiefe gleicht dann die Flächigkeit des Bildes aus. William Wyler arbeitete sehr stark mit der Schärfentiefe. Seine Filme haben eine ziemlich flächige Fotografie. Die Fotografie ist flächig, seine Filme sind es jedoch nicht. Und je größer die Entfernungseinstellung ist, desto wichtiger ist die Schärfentiefe.

Wenn ich die Dreharbeiten beginne, weiß ich im Großen und Ganzen, welche Objektive ich benutzen werde. Ich weiß, wie ich eine Szene drehen werde und welche Momente ich hervorheben möchte. Dreyer nannte das: die Szene *skandieren.* Wenn ich eine Szene mit vielen Nahaufnahmen habe, neige ich dazu, etwas längere Brennweiten zu wählen, denn das ist für die Gesichter besser. Doch wenn es weniger Nahaufnahmen gibt, kann ich praktisch genau dieselbe Szene mit etwas kürzeren Brennweiten drehen, damit die Unterschiede zwischen den Nahaufnahmen und den eher beschreibenden Einstellungen nicht allzu groß sind.

All das kann man in der Filmhochschule lernen, aber ich habe nicht den Eindruck, dass man es lernt.

Schon beim Schreiben des Drehbuchs denke ich über die Auswahl der Objektive nach. Ich sage mir nicht: »Ich werde ein 40-mm- oder ein 50-mm-Objektiv nehmen«, sondern ich versuche, die Wirkung zu bedenken, die ich erreichen möchte. Denn wenn ich die Wirkung, die ich
~~~~~~

haben möchte, sehr früh im Voraus (schon beim Schreiben) bedenke, wird sie umso subtiler sein.

Allerdings reichen all diese für die Inszenierung notwendigen Grundprinzipien allein nicht aus, um *gut* zu inszenieren. Man muss ins kalte Wasser springen und sehen, wie man zurechtkommt.

Die Techniker

Selbstverständlich sind die Techniker unentbehrlich für die gute Realisierung eines Films.

Techniker versuchen zu verstehen, was Sie als Regisseur machen wollen. Entweder sie bemühen sich darum, Ihre Träume zu verwirklichen, oder sie verstehen nichts und reden Blödsinn, sobald sie den Mund aufmachen. Das heißt aber noch lange nicht, dass sie schlechte Techniker sind. Es bedeutet nur, dass es nicht die geeigneten Leute für diesen Film sind.

Ich kenne keinen Techniker, der »gegen« einen Film arbeiten würde. Aber einige sind borniert genug und besitzen eine genügend starke Persönlichkeit, um nicht zu beachten, was Sie als Regisseur ihnen sagen. Diese Techniker haben meist ein persönliches Ausdrucksbedürfnis. Die beste Lösung für sie wäre, Regisseur zu werden.

Nie ist es mir passiert, dass ich mich mit den Technikern nicht verstanden habe, außer einmal mit einem Kameramann. Ich hatte ihn gebeten, einen Kameraschwenk vorzubereiten. Ich gehe pinkeln und als ich zurückkomme, sehe ich, dass er einen kleinen Kamerawagen aufgestellt hat, unter dem Vorwand, das sei »hübscher«.

Ich habe zu ihm gesagt: »Es ist leichter für dich, aber weniger hübsch!« Und ich habe ihn rausgeschmissen. Zu meiner Entlastung kann ich anführen, dass ich noch etwas jung war.

Und es ist vorgekommen, dass ich einen Produktionsleiter von der letzten Einstellung ausgeschlossen habe (das heißt, ich habe ihm untersagt, beim Drehen der entsprechenden Einstellung am Set anwesend zu sein).

Kameramann und Aufnahmeleiter

Der Kameramann ist wichtig, denn er ist eine Art Filmauge. Wenn man einen Kameramann hat, mit dem man sich gut versteht, muss man ihn halten, das ist ganz wichtig. Ich bin nicht dafür, dass der Aufnahmeleiter zugleich Kameramann ist, denn für eine Person allein gibt es zuviel zu tun. Zum besseren Verständnis eine kurze Zusammenfassung der Aufgaben dieser beiden Techniker:

Der Kameramann bedient während der Dreharbeiten die Kamera, das heißt, er sorgt dafür, dass der Bildausschnitt den Wünschen des Regisseurs entspricht. Manche Kameraleute sind einfühlsamer als andere.

Der Bildkader ist äußerst wichtig. Das Problem dabei ist folgendes: Umschließt der Bildrahmen alles oder nur einen Teil der Handlung? Es handelt sich um ein ganz wesentliches Problem. Für Fritz Lang zum Beispiel umschließt der Bildrahmen die Gesamtheit der Welt in einem bestimmten Augenblick. Daher kommen bei ihm diese Kamerabewegungen vor, die mich entzücken. Lassen Sie mich dies näher erklären: Nehmen wir eine sehr einfache Einstellung, mit drei Personen, die an einem Tisch sitzen; einer steht auf und geht weg; die Kamera nähert sich nun, um die beiden Verbleibenden in die Grenzen des Bildkaders einzuschließen, der dritte hat keine Bedeutung mehr. Die Welt läuft auf diese beiden Personen hinaus. Das bezeichnet man als »geschlossene Form«.

Es gibt auch das, was man als »offene Form« bezeichnet (Sidney Lumet macht es sehr gut): Der Zuschauer weiß, dass es zusätzlich zu dem, was er im Bildausschnitt sieht, andere Dinge gibt, die sich außerhalb abspielen, und ab und zu versucht die Kamera, sie hereinzuholen; manchmal sind sie da, manchmal nicht. Die offene Form ist schwer zu handhaben und besitzt eine Schwäche: Die dramatische Intensität löst sich auf. Aber wenn das Thema sehr stark ist, kann es funktionieren. Nehmen Sie *Le Prince de New York* (*Prince of the City*) von Lumet. Der Rahmen ist offen, man spürt die Welt ringsherum, doch der Film bewahrt seine Intensität – allein durch seine dramatische Kraft. Die Öffnung des Bildrahmens wird durch die Stärke der Dramaturgie ausgeglichen.

DER AUFNAHMELEITER gestaltet sowohl die Lichtatmosphäre als auch die Beleuchtung der Schauspieler. Ich hatte immer ein Problem mit meinen Aufnahmeleitern, denn die für mich ideale Fotografie weckt als solche keine Bewunderung (in 99% der Fälle handelt es sich um eine miese Fotografie, wenn man ausruft: »Ach, wie gut sie ist!«) und sie fällt auch nicht durch Hässlichkeit auf.

Lassen Sie mich zur »schönen Fotografie« noch Folgendes sagen.

In Wirklichkeit löst sich der Zuschauer, sobald er auf die Fotografie aufmerksam wird, im einen oder anderen Sinn ein wenig vom Film. Entweder ist die Fotografie beschissen (der Schauspieler ist zum Beispiel schlecht beleuchtet oder der Schatten einer Kerze fällt in die Nasenlöcher), und der Zuschauer merkt es und denkt,

~~~~~~

der Film sei schlecht fotografiert; oder die Fotografie ist »aufgeblasen«, im Stil herrlicher Sonnenuntergänge zwischen den Bäumen, und der Zuschauer wird von der Handlung abgelenkt. Er sollte sich aber der Qualität der Fotografie erst nach der Filmvorführung bewusst werden; während des Films ist es gefährlich. Die Fotografie ist nur dann wirklich schön, wenn der Zuschauer nachträglich merkt, dass er die Haut der Gesichter gespürt hat, dass er die Stunde, in der sich die Dinge entwickelten, erlebt hat, dass er im Laufe des Films für Veränderungen der Atmosphäre empfänglich war.

Eine gute Fotografie hilft, den Film besser zu verstehen.

Es gibt Dinge, die ich nicht mag: Aufnahmen in einer absolut dominierenden Farbe. (Ich verstehe nicht, was der Sinn dieser Filme mit sepiagetönten Sequenzen ist. Unter dem Vorwand, dass im Kamin ein Feuer brennt, färbt man alles orange ein, das ist lächerlich.)

Ich erkläre dem Aufnahmeleiter, worauf ich hinaus will. Ich hatte das Glück, dass ich über fünfzig Filme mit nur vier Aufnahmeleitern machen konnte. Mit einem von ihnen, Jean Rabier, habe ich mehr als die Hälfte, dreißig Filme, gemacht. Er hatte nur eine Schwäche: manchmal etwas langsam, wenig selbstbewusst und bisweilen pingelig zu sein. Davon abgesehen machte er genau die Art von Fotografie, die ich wollte, das heißt, eine wirklich tadellose Fotografie, die der Atmosphäre entsprach, die ich für notwendig hielt. Er war in der Lage, ein sehr schönes, sehr schwarzes Schwarz hinzubekommen, was wirklich schwer ist.
~~~~~~

~~~~~~

Ich gehöre nicht zu den Regisseuren, die mit Hilfe des
Lichts dramatische Effekte erzielen wollen. Solche Regisseure geben dem Aufnahmeleiter Vortritt, der schließlich
die Macht ergreift. Denn in den Teams können sich immer irgendwelche Iznogouds[11] versteckt halten, das
heißt Leute, die Kalif an der Stelle des Kalifen sein wollen und nur auf den geeigneten Augenblick warten, um
ihre Fähigkeiten unter Beweis zu stellen.

[11] Iznogoud: von René Goscinny und Jean Tabary geschaffene
Comic-Figur, ein Großwesir, der »Kalif an der Stelle des Kalifen« sein möchte.
~~~~~~

Die Montage

Für viele Regisseure bedeutet die Montage das eigentliche Herstellen des Films. Während der Dreharbeiten sammeln sie das Material an, während der Montage geben sie dem Werk Gestalt. Das ist eine mögliche Arbeitsweise – allerdings nicht die ökonomischste. Ich könnte so nicht arbeiten. Ich muss wohl mit meinen Kräften zu sehr haushalten, um zu akzeptieren, dass ein Teil meiner Arbeit im Papierkorb landet.

Ich denke also lieber vorher nach und versuche, so zu verfahren, dass ich das drehe, was ich brauche. Mehr als einmal – und das ist beim Film wirklich selten –, habe ich Filme gemacht, in denen alle gedrehten Einstellungen zu sehen sind. Das ist natürlich schlecht für das DVD-Bonusmaterial. Ich bin dann gezwungen zu erklären, wie ich den Film ohne die üblichen ausgemusterten Outtakes gemacht habe (davon abgesehen kann man immer Einstellungen aufspüren, in denen sich die Leute den Hals brechen, wenn sie die Treppe hinauf- oder hinabgehen; im Allgemeinen ist das kein Problem).

Das ist meine Methode. Schließlich hat jeder eine Stärke und bei mir ist es das verknüpfende Denken. Es fällt mir ziemlich leicht, auf dem Papier die Synthese der Bilder eines Films herzustellen, den ich realisieren möchte.

Selbst wenn alles auf diese Weise vorbereitet ist, muss man aufpassen, dass man nicht mechanisch verfährt. Die Storyboards – die ich verabscheue – verleiten unweiger-

~~~~~~

lich zum Mechanischen. Wenn Sie Ihren Film zu Beginn
der Dreharbeiten parat haben wollen, müssen Sie

erstens bedenken, dass die Idee zwar parat ist, nicht
aber die Form; die Idee für jede Einstellung, aber nicht
die Art, sie zu drehen;

zweitens offen sein für alles, was von außen kommt.
Wenn die Idee für Ihren Film stark genug ist, wird sie
allen äußeren Einflüssen standhalten. Diese sind also
willkommen; oft sind sie sogar eine Bereicherung.

Natürlich muss die Idee stark genug sein, denn bei
der geringsten Schwierigkeit, beim geringsten Zögern
wie etwa: »Mein Gott, was soll ich nur machen? Ich muss
alles ändern«, bricht Panik aus.

Ich wiederhole: Wenn man ungefähr weiß, was man
machen will, wenn die Idee stark ist, ergibt sich alles
andere. Die großen Filmemacher sind dafür bekannt,
eine perfekte Vorstellung von ihrer Idee zu haben. Ro-
berto Rossellini war zum Beispiel auf diesem Gebiet sehr
stark.

Nebenbei gesagt: Heute kann man, weil der DVD-
Markt hinzugekommen ist, mehr Geld bekommen, um
einen Film zu drehen. Und ein Verkaufsargument sind
die berühmten Boni.

Nun, Boni sind meist herausgeschnittene Szenen, die
Dummheiten, die der Regisseur verzapft hat. Es sind
anti-künstlerische Elemente. So werden die Abfälle eines
Werks auch noch verkauft. Ein Werk ist ein Werk oder es
ist keines. Sie werden nicht sagen: »Hier, ich habe einen
herrlichen Schrank. Wenn Sie wollen, kann man an der
Seite vier Schubladen hinzufügen.«
~~~~~~

Im Allgemeinen drehe ich nur, was der Cutter oder die Cutterin gebrauchen kann. Ihre Arbeit wird dadurch nicht leichter, denn es stehen nicht mehrere Varianten zur Verfügung. Es gibt nur eine Lösungsmöglichkeit. Und diese eine ist deshalb äußerst heikel, das heißt, es kommt auf jedes Bild an. Die Cutter, die fähig sind, aufs Bild genau zu schneiden, sind rar, vor allem unter denen, die am Computer schneiden und auf beiden Seiten sechs Bilder im Blick haben. Ich habe einmal versucht, ein Stück Film im virtuellen Verfahren zu schneiden. Wir waren gezwungen, noch mal von vorne anzufangen, weil das nicht aufs Bild genau funktionieren kann.

Traditionelle Montage, virtuelle Montage

Bei der traditionellen Montage arbeiten Sie am Filmmaterial selbst; Sie haben also eine Positiv-Kopie des Negativs vor sich, von der sie mit Schere und Klebstoff den Film materiell herstellen.

Es gibt jetzt ein Verfahren, bei dem das gesamte Filmmaterial digitalisiert wird. Damit macht man eine sogenannte virtuelle Montage, das heißt, man kann die Bilder verschieben und dann die Montage speichern oder löschen. Sie lässt sich durch Tastendruck ändern. All dies ist wunderbar, doch durch die Mühelosigkeit geht etwas an Präzision verloren. Zwangsläufig, weil man weiß, dass nichts unwiderruflich ist.

Die Schönheit der »realen« Montage besteht dagegen darin, dass der Irrtum nicht wieder gutzumachen ist;

~~~~~~

man denkt also mehr nach. Beim virtuellen Verfahren amüsiert man sich, man experimentiert, löscht und fängt wieder von vorne an. Die virtuell arbeitenden Cutter verbringen letzten Endes damit mehr Zeit als die anderen, denn sie spazieren viel hin und her.

Ich bin kein begeisterter Anhänger des virtuellen Verfahrens, es sei denn, man hat eine gigantische Menge Material. Wenn das der Fall ist – insbesondere bei Dokumentarfilmen –, ist das Verfahren prima.

Ich möchte zwei Dinge hinzufügen. Zunächst: In den Vereinigten Staaten kehrt man zur traditionellen Montage zurück. Man legt sich über die virtuelle Montage Rechenschaft ab, indem man sie mit der traditionellen Montage vergleicht. Montage ist eine Arbeit hinter den Kulissen und nicht gerade eine gesellige Angelegenheit. Mit dem virtuellen Verfahren wird das auf die Spitze getrieben: Man sitzt allein vor seiner Maschine.

Außerdem macht die Raserei der Geschwindigkeit alles noch komplizierter. Filme müssen schnell sein. Doch die Filme werden nicht dadurch schneller, dass man die Einstellungen vervielfacht. Die Leute schneiden sechs Einstellungen in dreißig Sekunden, ohne zu merken, dass sechs Einstellungen in dreißig Sekunden für das Aufnahmevermögen der Zuschauer fast doppelt so lang sind wie eine einzige Einstellung. Und ich beobachte mit Vergnügen, je weniger Einstellungen man dreht, umso gerechtfertigter ist die Länge jeder Einstellung und umso genauer muss sie sein. Nicht auf die Sekunde genau, sondern auf eine Vierundzwanzigstel Sekunde.
~~~~~~

Das Skriptgirl

Die Rolle des Skriptgirls ist ungeheuer wichtig. Zunächst muss sie einen Zeitplan für den Film und die Szenen aufstellen, damit man sieht, wann man die Zeit überschreitet und wann nicht. Diese Zeitplanung muss sehr genau sein und ich weiche bei den Dreharbeiten kaum davon ab. Es kann eine Verschiebung von vier Sekunden zwischen den Bildern geben, aber wenn der Film fertig ist, stimmt er bis auf ein oder zwei Sekunden mit der vorgesehenen Zeitdauer überein.

Das Skriptgirl muss das Drehbuch im Rhythmus des Films lesen und die Absichten des Regisseurs verstehen. Doch die schwierigste Aufgabe des Skriptgirls besteht darin, die Kontinuität am Set zu gewährleisten. Polaroidfotos reichen nicht aus. Sie sind dafür geeignet, den Platz der Requisiten festzuhalten. Ihr Platz in der Anschlussszene ist aber sowieso leicht wiederzufinden, während der Rhythmus der Bewegungen – zum Beispiel das Betreten und Verlassen des Bildausschnitts – sehr schwierig und sehr besonders ist.

Lassen Sie mich das näher erklären: Da es eine Aufeinanderfolge von Einstellungen (insbesondere Einstellungen und Gegeneinstellungen) gibt, wird die Kontinuität der Handlung ab und zu unterbrochen. Die Requisiten müssen jedoch an ein und derselben Stelle bleiben. Um das zu gewährleisten, macht das Skriptgirl Sofortfotos. Auch von den Schauspielern werden Sofortaufnahmen gemacht, damit man sie wieder an derselben

Stelle platzieren kann, wenn man die Größe der Einstellung ändert. Als es noch keine Polaroidfotos gab, musste das Skriptgirl über alle Einzelheiten Buch führen. Das Sofortfoto erleichtert also die Arbeit, aber es löst bei weitem nicht alle Probleme.

Viele Skriptgirls beschränken sich darauf, zu »polaroidieren« und achten nicht genügend auf die Schnelligkeit, mit der die Darsteller und Darstellerinnen in den Bildausschnitt treten. Wenn ein Schauspieler am Ende einer Einstellung aus dem Bildausschnitt tritt, muss er am Anfang der folgenden Einstellung mit derselben Geschwindigkeit wieder eintreten. Leider muss ich feststellen, dass das in sechs von zehn Fällen misslingt. Ähnlich wie die falschen Übergänge ... Es ist nicht sehr schwer, das richtig zu machen, aber das Sofortfoto kann dabei nicht helfen.

Der Regieassistent

Die Regieassistenten (oder Regieassistentinnen) haben verschiedene Aufgaben, unter anderem den Drehplan aufzustellen. Da man die Sequenzen eines Films selten in der Reihenfolge dreht, empfiehlt es sich, den – soweit möglich – künstlerischsten und ökonomischsten Drehplan zu erarbeiten. Als Grundelement der filmischen Arbeit muss er streng und genau sein, ohne die künstlerischen Bemühungen zu beeinträchtigen.

Was ist ein Drehplan? Wie das Wort sagt, handelt es sich um eine Vorausplanung der Arbeit. Nehmen wir ein Beispiel: Ein Film ist in eine bestimmte Zahl langer Sequenzen unterteilt (abgesehen von den Einstellungen und von der Verteilung der Einstellungen innerhalb der Sequenzen). Stellen wir uns drei Sequenzen von jeweils zehn Minuten Länge vor, die auf den drei Etagen des Eiffel-Turmes spielen: auf jeder Etage eine. Innerhalb jeder Sequenz kann es mehrere Einstellungen geben: Großaufnahme eines überraschten Mannes, Aufnahme einer Person, die ins Leere stürzt, Aufnahmen von Kindern, die herumlaufen und andere Besucher anrempeln usw. Der Drehplan soll erreichen, dass die Dreharbeiten unter den bestmöglichen Bedingungen stattfinden. Dazu gehören auch die finanziellen Bedingungen, das heißt die Garantie, dass die Dreharbeiten nicht mehr kosten als nötig.

Kehren wir zu den drei Etagen des Eiffel-Turmes zurück. Stellen wir uns einen Mann auf der ersten Etage vor, der eine Frau auf der dritten beobachtet. Man wird

~~~~~~

die Kamera nicht jeweils für jede Einstellung, mit dem
Mann unten und der Frau oben, hinauf- und hinunter-
bringen. Selbstverständlich wird man erst alles drehen,
was auf der ersten Etage passiert, dann alles, was sich
auf der zweiten abspielt, und schließlich alles, was auf
der dritten geschieht. Kurz, man dreht nicht in der Reihenfolge, die man auf der Leinwand sehen wird. Ein
guter Regieassistent wird die Sache geschickt so orga-
nisieren, dass die Sequenzen auf den drei Etagen in drei
Tagen gedreht werden können, wenn möglich sogar in
zwei, ohne dass dies der Interpretation und der Qualität
der Dreharbeiten schadet. Ich glaube, es ist überflüssig
zu sagen, dass ein unsinniges Hin und Her zu unnötigen
Materialbewegungen und Zeit- und Geldverlust führen
würde.

Dasselbe Problem gibt es mit den Darstellern. Im Allgemeinen schätzen der Regisseur und der Assistent es,
wenn die Darsteller während der gesamten Dauer der
Dreharbeiten zur Verfügung stehen, damit der Drehplan
eingehalten werden kann. Eine andere Arbeitsweise besteht darin, sie zu gruppieren. Man sollte dann zuerst
die Ausstattung gruppieren, bevor man dasselbe mit den
Darstellern macht.

Was bedeutet es, die Darsteller oder die Kulisse zu
gruppieren? Es heißt, dass man nacheinander all die
Szenen dreht, in denen ein bestimmter Darsteller auf-
tritt, oder alle Szenen, die in derselben Kulisse spielen,
egal ob sie am Anfang, in der Mitte oder am Ende des
Drehbuchs stehen.

Es kommt sehr selten vor, dass die Darsteller grup-
~~~~~~

piert werden. Meist nur dann, wenn Stars an bestimmten Tagen andere Verpflichtungen haben. Der Drehplan wird dann entsprechend ihrer Anwesenheit aufgestellt. Die Kulisse wird in einem solchen Fall nicht gruppiert. Man wechselt die Kulisse, auch wenn man nach der Szene mit dem Schauspieler wieder zur vorherigen Kulisse zurückkehrt. Wenn ein Darsteller in verschiedenen Kulissen spielen muss, wird die Sache schwieriger. Zwei Kulissen, das mag noch gehen, aber bei drei wird es schon problematisch, und bei vier ist es praktisch unmöglich: Man müsste in vier verschiedenen Szenerien nacheinander drehen. Und es kann passieren, dass andere Darsteller dann nicht mehr frei sind.

Inbegriff eines idealen Drehplans wäre es, die Kulissen in der chronologischen Ordnung so zu gruppieren, dass sie weitmöglichst dem Handlungsablauf entsprechen. Für die Darsteller ist das besser.

Das Fernsehen mit seinem herrlichen industriellen Betrieb zögert nicht, bei Serien in der Art von *Navarro* mehrere Episoden gleichzeitig in derselben Ausstattung zu drehen. Mein Sohn Thomas, der die wiederkehrende Rolle eines Gerichtsmediziners spielte, drehte vier Episoden in zwei Tagen.

All diese Aspekte müssen bedacht werden. Sie sind Teil der Probleme bei der Vorbereitung eines Films. Probleme, die der Assistent zunächst durch zahlreiche Telefonanrufe zu lösen versucht.

Der Assistent kann sich auch mit dem Suchen geeigneter Drehorte befassen oder aber diese Aufgabe Leuten überlassen, denen er vertraut. Er verständigt sich mit

~~~~~~

dem Ausstatter über die Einzelheiten oder er erinnert den Regisseur daran, was in einem bestimmten Moment notwendig ist.

Kurz, der Unterschied zwischen einem guten und einem schlechten Assistenten ist gewaltig. Und er kann die Qualität eines Films beeinflussen.
~~~~~~

Die Beleuchter und die Bühnenarbeiter

Die Bühnenarbeiter stehen der Regie näher als die Beleuchter – aus einem simplen Grund: Die Beleuchter sind die Geschöpfe des Aufnahmeleiters. Das heißt noch lange nicht, dass der Regisseur mit ihnen nicht sehr befreundet sein kann (ich für meinen Teil habe die Familie Atanassian ins Herz geschlossen), aber er steht zwangsläufig den Bühnenarbeitern näher. Es gibt zwischen ihnen keinen Mittelsmann wie den Aufnahmeleiter.

Der Kameramann ist ein bisschen wie ein Mittelsmann, doch viel weniger als der Aufnahmeleiter zu den Beleuchtern. Das ist leicht zu verstehen: Ein Bühnenarbeiter stellt einen Kamerawagen auf, der Regisseur sagt ihm, wie. Aber es ist nicht der Regisseur, der dem Beleuchter sagt, wo er seine Scheinwerfer aufstellen muss. Er teilt zum Beispiel dem Aufnahmeleiter mit, dass er gern starkes Gegenlicht hätte, und der Aufnahmeleiter übernimmt es, das Gegenlicht zu schaffen. Der Regisseur gibt dem Chef-Beleuchter keine Anweisungen, während er den Bühnenarbeitern Anweisungen geben kann. Es handelt sich um einen direkteren Kontakt.

Die französischen Bühnenarbeiter sind die besten der Welt, nicht ich sage das, sondern David O. Selznick. Weshalb sind sie die besten? Weil sie am findigsten sind. So ist es. Das gehört zu den nationalen Errungenschaften. Wir sind äußerst stark im Bereich der Bühnenarbeiter und der Requisiteure, die sozusagen Bühnenarbeiter der Gegenstände sind.

Der Requisiteur

Bühnenarbeiter, Requisiteur: einfache Berufe, sehr wichtige Berufe. Der Requisiteur hat, wie die Bezeichnung sagt, die Aufgabe, die für die Szene notwendigen Requisiten zu beschaffen. Er arbeitet Hand in Hand mit dem Skriptgirl. Er besorgt die Karaffe und den Wein. Sie muss überprüfen, wie viel Wein in der Karaffe ist. Der Requisiteur hat oft Gelegenheit, seine Findigkeit unter Beweis zu stellen. In dieser Hinsicht habe ich ein phantastisches Beispiel. In meinem dritten Film, *À double tour* (*Schritte ohne Spur*), kommt ein Mann vor, der wahnsinnig zu werden beginnt. Um das zu zeigen, hatte ich folgenden Einfall: Eine Fliege sollte sich auf dem Spiegel niederlassen, in dem der Mann sich ansieht, und sie sollte sich in einer bestimmten Richtung vorwärtsbewegen. Wie ist das zu erreichen? Ich fragte meinen Requisiteur, einen Mann namens Lemoine. Schwierig erschien es ihm, die Fliege zu veranlassen, sich an der von mir gewünschten Stelle niederzulassen. Ich sagte ihm, ich würde bei der Montage tricksen: In dem Augenblick, in dem der Mann eine Grimasse schneidet, bringe ich ihn ins Bild, sein Blick wendet sich einen Moment ab, und danach entdeckt er die Fliege. »Dann gibt's kein Problem«, sagte Lemoine. »Und welchen Weg soll die Fliege auf dem Spiegel einschlagen?« Auf dem Gesicht des Schauspielers deutete ich in etwa eine Linie an. »Gut, sehr gut«, sagte Lemoine. Wir proben die Szene ohne Fliege. Bei den Dreharbeiten sehe ich zu meiner großen Überraschung, wie die Fliege der geplanten Route folgt. Und es handelte sich um eine wirkliche Fliege. Was hatte Lemoine getan? Nun, er stand hinter dem Spiegel mit einem Magneten, mit dem er der Linie folgte, die er vorher aufgezeichnet hatte. Damit die Fliege dem Magneten folgte, hatte er ihr einen winzigen Magneten in den Hintern gesteckt. So etwas ist absolut phantastisch.

Einfache Berufe, sehr wichtige Berufe.

Die Drehorte

Originaldrehort oder Studio? – Ich ziehe Originalschauplätze vor. Wenn der Film in Paris spielt, ist es mir egal, ob ich im Studio drehe. Wenn er aber in der Provinz spielt, mit Außenaufnahmen, mache ich die Innenaufnahmen gern an Originaldrehorten, das heißt in der Provinz, in der die Handlung spielt. Schon die Anreise, die Kreuzfahrt mit der ganzen Crew, als ob wir ganz wörtlich im gleichen Boot säßen – die Alltagsprobleme stellen sich nicht, weil sich andere darum kümmern –, verstärkt den Zusammenhalt bei der Arbeit. Die Stimmung ist besser.

Dekorationen werden nach Ihren Vorstellungen und Wünschen hergestellt. Wenn Sie sehr pingelig sind, können Sie wie Fritz Lang die Entfernung zwischen Tisch und Fenster und die Zeit, die man braucht, um vom einen zum anderen zu gelangen, berechnen. So etwas ist ohne weiteres spielbar, wenn im Studio gedreht wird.

Aber bei Originaldrehorten muss man nachdenken, genauso wie bei der Bestimmung des Kamera-Standpunkts: Die eigene Vorstellung von der Szene muss stark genug sein, damit sie in verschiedene Bilder übersetzt werden kann. Es muss einem klar sein – sonst wird man verrückt –, dass man an Originaldrehorten nicht die Ausstattung antrifft, die man im Kopf hat.

Ein Beispiel: *La Fleur du mal* (*Die Blume des Bösen*) enthält eine Szene, in der zwei Frauen eine Leiche zu einer Treppe schleppen. Als ich mir diese Szene ausmalte, ging die Bewegung von links nach rechts, wie beim Lesen. Ich fand einen ausgezeichneten Schauplatz, mit kleinen Details, an die ich nicht gedacht hatte und die die Idee noch verbesserten, außer dass meine beiden Frauen an diesem Ort nicht von links nach rechts, in Leserichtung, gehen konnten, sondern nur von rechts nach links. Das änderte mein Vorgehen etwas. Unsere Leserichtung ist die natürliche Richtung des Sehens, daher gehen die Schwenks im Allgemeinen von links nach rechts. Ich musste also ein wenig nachhelfen und die Tatsache berücksichtigen, dass der Zuschauer diese Bewegung in umgekehrter Richtung sehen und dass dies seinen Blick auf die folgende Einstellung beeinflussen würde. Das ist kein Nachteil, man muss nur darauf vorbereitet sein.

Manche Leute werden einwenden, dass Dreharbeiten an Originalschauplätzen eine Menge kleiner Probleme, oft Details, aufwerfen, und selbst wenn viele lösbar sind, andere unüberwindlich bleiben. Dreht man in einem Raum, in dem sich ein scheußlicher Kamin befindet, stellt sich die Frage, ob man ihn in der Einstellung lässt oder nicht. Wenn die Anwesenheit eines scheußlichen Kamins Ihnen wirklich untragbar erscheint und wenn es unmöglich ist, ihn zu verbergen, Sie ihn aber auf keinen Fall sehen lassen wollen, können Sie einen Trick anwenden und die Kamera in der Nähe des Kamins so aufstellen, dass er nie zu sehen ist.

Mit solchen Detailproblemen müssen Sie rechnen, wenn Sie an Originalschauplätzen drehen. Mir macht es Spaß, diese Probleme zu lösen. Allerdings kann das

Auftreten unvorhergesehener Umstände die Schauspieler irritieren, weil sie dann gezwungen sind, ihre Bewegungen zu improvisieren; doch da sie diese in Wirklichkeit gar nicht improvisieren (sondern die von Ihnen gewünschten Bewegungen selbst finden sollen), ändert es im Grunde nichts.

Originaldrehorte haben mich niemals daran gehindert, eine Idee in ein Bild umzusetzen. Im Gegenteil, ich möchte sogar sagen, dass sie mir manchmal geholfen haben, Probleme zu lösen.

Selbstverständlich ist es leichter, bestimmte Szenen im Studio umzusetzen. Meist sind es etwas phantastische, bizarre Dinge, die ein wenig außerhalb der Alltagsrealität liegen. Wir müssen sie im Studio herstellen, eben weil sie in der Realität nicht vorkommen.

Ein Beispiel: In meinem nächsten Film brauche ich unbedingt eine bestimmte Kulisse, da sie für das Thema der Geschichte wichtig ist. Ich habe sie an vielen Orten gesucht und bisher nicht gefunden. Wenn ich sie nicht finde, muss ich sie im Studio herstellen. Der Drehplan muss dann geändert werden, so dass alle Studioszenen auf einmal gedreht werden können.

Das kommt ab und zu vor: Die Dreharbeiten finden an Originaldrehorten statt, aber eine ganz besondere Ausstattung – im Allgemeinen die Hauptdekoration – macht Studioaufnahmen notwendig. Der Aufnahmeleiter muss das berücksichtigen, denn die Beleuchtung wird anders sein. Deshalb ist es besser, an den Originalschauplätzen anzufangen und dann ins Studio zu gehen, denn es ist leichter, die Aufnahmen im Studio dem Stil anzupassen,

~~~~~~

den man an den Originalschauplätzen vorgefunden hat,
als umgekehrt.

Kommen wir zu meiner Ausstattung zurück: Es handelt sich um ein Halb-Souterrain, das sowohl realistisch als auch leicht phantastisch ist. Ein solches Souterrain ist schwer zu finden, außerdem soll es als Teil des Hauses zu sehen sein. Es ist unendlich viel leichter, es im Studio zu bauen: Man wird die Kellerfenster in der gewünschten Höhe anbringen, den Decken die nötige Höhe geben, sogar die Struktur der Mauern verändern können. In einem solchen Fall bieten Dreharbeiten im Studio mehr Freiheit und erweisen sich als anregend.

Aber man darf nicht vergessen, dass das Studio, sofern es künstliche Elemente einführt, Wirklichkeit entzieht. Vor allem in den Filmen, die sehr realistisch sein wollen. Nehmen wir die italienischen Filme über die Bourgeoisie zu Anfang des 20. Jahrhunderts. Man erkennt sehr gut, welche an den Originalschauplätzen der Paläste und welche im Studio gedreht sind. Was für ein gewaltiger Unterschied! Aber das soll nicht heißen, dass die einen besser als die anderen sind. Es ist zum Beispiel erkennbar, dass Mauro Bolognini mehr als Luchino Visconti im Studio drehte, selbst wenn dieser die Originalschauplätze in gewissem Sinn gern in Studios verwandelte.

Bei mir kommt es selten vor, dass ich gezwungen bin, im Studio zu arbeiten. Ich tue es nur, wenn es nicht anders geht.

Einige Nebenbemerkungen:
Die Bedeutung der Ausstattung variiert stark von Regisseur zu Regisseur. Jemand wie Luchino Visconti
~~~~~~

legte Wert auf Details. Er behauptete, die Schauspieler spielten besser, wenn sie seidene Unterwäsche trügen. Das war vielleicht berechtigt in seinen Epochen- und Kostümfilmen. Ich nehme an, dass sich das Problem bei *La terre tremble* (*La terra trema*; *Die Erde bebt*), seinem Film über eine Fischerfamilie, anders stellte.

Sacha Guitry war ebenfalls detailbesessen. Für eine Szene aus *Désiré* hatte er Gilles Grangier, seinen Assistenten, um eine Vase aus echtem Kristall gebeten, was, so sagte er, dem Schauspieler in einer Szene »helfen« würde. Gut, die Vase war nicht aus Kristall, aber das Fenster war auch kein echtes Fenster. Wenn man im Studio (dem Gipfel an Künstlichkeit) dreht, scheint mir diese Sorge um »Echtheit« widersprüchlich. Tatsächlich geht es darum, seine Autorität unter Beweis zu stellen. Und der Autoritätsbeweis ist eine der großen Gefahren der Mise en scène.

Die Kostüme

Ich lege nicht viel Wert auf die Harmonie der Kostüme. Hier bemühe ich mich immer um Realismus, um auf anderen Gebieten weniger realistisch und »bedeutungsvoller« sein zu können. Wenn man damit anfängt zu überlegen: »Alle Krawatten der Männer müssen zusammenpassen«, droht ein entsetzliches Ergebnis. Man sollte sich nur vergewissern, dass es von einer Einstellung zur nächsten und zwischen den Personen keine krassen Unverträglichkeiten gibt. Es ist also gut, sich mit einem Kostümbildner oder einer Kostümbildnerin zusammenzutun.

Ich arbeite dabei gern mit Frauen zusammen. Ich suche mir also eine Kostümbildnerin, die Geschmack, aber auch Sinn für den Film hat. Eine Kostümbildnerin, die für das Theater arbeitet, neigt dazu, die Dinge stark aufeinander abzustimmen. Man muss darauf achten, dass sie sich nicht irrt.

Eine Kostümbildnerin, die für den Film arbeitet, muss – ein bisschen wie die Schauspieler – dahin gebracht werden, selbst herauszufinden, was notwendig ist. Mit dem Unterschied, dass man ihr die Dinge direkter sagen kann, weil sie sie nur technisch umsetzen muss. Wenn eine Kostümbildnerin aufkreuzt und zu mir sagt: »Für die Szene des Ministerrates möchte ich, dass der Premierminister als Pfadfinder angezogen wird«, kann ich ihr geradeheraus antworten: »Das ist völlig idiotisch. Ziehen Sie ihn normal an.«

Wenn dagegen ein Schauspieler zu mir sagt: »Für den Ministerrat möchte ich gern als Pfadfinder angezogen auftreten«, antworte ich ihm nicht: »Das ist idiotisch!«, sondern frage ihn: »Wie kommst du auf diesen Einfall?«

Der Ton

Im Bereich des Tons waren die materiellen und technischen Fortschritte in den letzten Jahren am offenkundigsten. Sehr lange sind die Kameras praktisch unverändert geblieben, während der Ton sich dank der Nagras[12] und ähnlicher Apparate vollkommen verändert hat.

Es gibt zwei Arten von Geräuschen.

Es gibt die Geräusche der Umwelt, die der Tonmeister erkennen und »einfangen« muss. Wenn er Geräusche hört, die ihm gefallen, muss er versuchen, sie als »isolierte Töne« aufzunehmen. Dank Guy Chichignoud, der früher (er ist gestorben) für mich arbeitete, hatten wir ein unglaubliches Geräuscharchiv, das wir übrigens an alle großzügig ausliehen. Wir hatten praktisch alles, sogar Kuckuckrufe um fünf Uhr früh.

Und es gibt auch Geräusche, die dazu beitragen, dass eine Atmosphäre entsteht. Wir versuchen, soweit wie möglich, Originalton zu verwenden, sogar im Studio. Das ist leichter und wirkungsvoller (außer in den italienischen Studios). An Originaldrehorten sind die Geräusche ebenfalls wichtig. Deshalb muss man versuchen, Drehorte zu finden, an denen Originalton möglich ist.

Wenn man die Dialoge nachsynchronisieren muss, ist es empfehlenswert, wieder mit demselben Tonmeister zu arbeiten, damit die Kontinuität der Tonqualität gewähr-

---

[12] Tragbares Tonbandgerät, das 1959 entwickelt und wegen seiner hohen Tonqualität zum Standard bei Filmaufnahmen wurde.

leistet ist. Das ist wichtiger, als es scheint. Einmal ist es mir passiert, dass ich bei ein und demselben Film mit zwei Tonmeistern arbeiten musste; ich merkte, wie sehr sich die Tonateliers und die Tonmeister unterscheiden. Für *Landru* (*Der Frauenmörder von Paris*) musste ich zwei Sätze in einem zweiten Tonatelier nachsprechen lassen und mit einem Mal war die Stimme von Charles Denner vollkommen verändert. Mir gelang es dann, daraus fast einen Effekt zu machen, indem ich die Tonmischung manipulierte – aber ich hatte zuerst Schlimmes befürchtet.

Der Ton kann helfen, Effekte zu erzielen, doch entgegen der üblichen Vorstellung nicht unbedingt in emotionsgeladenen Szenen. Ich habe ein wunderbares Beispiel für ideale akustische Schönheit, das aus dem Sketch mit Jeanne Crain in *Chaînes conjugales* (*A letter to three wives*; *Ein Brief an drei Frauen*) von Joseph L. Mankiewicz stammt. Jeanne Crain kommt zu einem Ball, sie hat Probleme mit ihrem Kleid, das schlecht sitzt. Sie gerät in Panik, geht verstört an ihren Tisch zurück; in diesem Moment beginnt das Orchester, einen kleinen Rumba zu spielen. Bei den ersten Takten kommt ihr Mann und führt sie weg. Woher rührt die Stärke der Szene, dieses Gefühl der Angst und dann der Befreiung? Sie rührt nicht daher, dass die Szene gut aufgenommen und gut interpretiert ist, sondern von der Wirkung der ersten vier Töne Rumba, die vorzüglich gewählt sind. Außerdem ist es kein »plumper« Effekt. Jeder empfindet ihn, vielleicht sogar, ohne zu verstehen, wodurch er entsteht.

Der Gebrauch des Combo

Der Combo ist ein kleiner Monitor, der es ermöglicht, die Einstellung zu sehen, während sie gedreht wird, als ob man das Auge an der Kamera hätte. Man kann damit den Bildausschnitt überprüfen. Einen Combo habe ich zum ersten Mal bei Luis Buñuel gesehen. Buñuel war nicht direkt am Set, sondern in einem benachbarten Raum; er benutzte diesen Apparat, um sieben bis acht Personen in einer Einstellung so zu platzieren, dass sie gut ausbalanciert war. Das sah nach nichts aus, doch die Anweisungen Buñuels waren sehr genau: »Stellen Sie sich ein paar Zentimeter weiter nach rechts, der Pfarrer ans Fenster.« Er sparte viel Zeit und rechtfertigte seinen »Kasten« damit, dass er ihm helfe: Er sei nämlich taub. Es stimmt, er war wirklich etwas taub, doch er sagte das ab und zu, um der Legende Nahrung zu geben. Ich merkte, dass dieser Apparat sehr praktisch war, und ich gehörte zu den ersten, die ihn benutzten. Buñuel hatte fünf Jahre Vorsprung.

Der Combo ist wirklich sehr praktisch. Doch es ist schwer, ihn *gut* zu benutzen. Denn wir neigen dazu, das zu tun, was Buñuel tat – und das ist nicht gut: Wir verabschieden uns vom Set und halten uns in einem Nebenraum auf. Wir sind dann von der Crew der Techniker und von den Schauspielern getrennt, und das ähnelt ein wenig der Fernsehregie.

Der Combo kann aber wunderbar sein – sogar für die Schauspieler –, unter der Bedingung, dass man mit ihm im selben Raum ist wie sie. Ist der Regisseur in einem benachbarten Raum, dann ist er nur eine körperlose Stimme. Wenn wir bei den Schauspielern sind, gibt der Combo ihnen das Gefühl, dass er uns unterstützt, und das akzeptieren sie völlig.

Mehr noch, der Combo hilft, die Schauspieler zu dirigieren. Er ermöglicht eine zusätzliche Genauigkeit in der Arbeit mit ihnen. Sie mögen Anweisungen wie »Achtung, in diesem Augenblick den Bildausschnitt nicht verlassen«, und ähnlichen Unsinn, den sie psychologischen Hinweisen vorziehen. Wenn Sie möchten, dass ein Schauspieler gut spielt, ist es besser, ihm zu sagen: »Pass auf, dass du keinen Schritt nach links machst«, als: »Vergiss nicht, dass dein Großvater Koch im Carlton war«.

Andere Faustregel: Man sollte den Combo während der Proben ansehen, *niemals* während der Aufnahmen. Während der Dreharbeiten muss man die Schauspieler ansehen, denn sie spüren das. Nur ausnahmsweise lassen Sie den Blick nebenbei vom Combo zu den Schauspielern gehen.

Empfehlenswert ist auch, die Szene aufzuzeichnen, sie für sich abzuspielen und sie dann eventuell den Schauspielern vorzuführen, falls sie Lust dazu haben, sie anzusehen – und falls man es nicht mit Leuten zu tun hat, die einem mit Bemerkungen auf die Nerven gehen wie »Ich würde die Szene gerne noch einmal spielen, weil mein kleiner Finger abstand«. Im Allgemeinen sind die Schauspieler beruhigt, wenn sie die Aufnahmen sehen. Je besorgter die Schauspieler sind (was gewöhnlich der Fall ist), desto mehr Bestätigung brauchen sie.

Das Labor

Wenn ich mich mit meinem Aufnahmeleiter gut verstehe – was immer, außer einmal, der Fall war –, mische ich mich in die Licht- und Farbabstimmung, die er machen möchte, überhaupt nicht ein. Ich bin auf diesem Gebiet technisch nicht versiert. Ich neige dazu, »etwas wärmer« oder »etwas weniger warm« zu sagen, mit Sicherheit aber nicht »nimm mehr Blau oder mehr Grün«.

Was heißt Licht- und Farbabstimmung?

Weil ein Film über mehrere Monate, an verschiedenen Orten und zu verschiedenen Zeiten (manchmal kann das vorhandene Licht sogar im Laufe einer Szene variieren) gedreht wird, muss man das Licht angleichen, die Lichtintensität, wenn sie von Szene zu Szene zu stark schwankt, ausgleichen. Heute kann man die Farben verändern, sogar die Nase der Schauspieler ändern, alles künstlich herstellen. Aber irgendwann kommt immer der Moment, in dem man das Künstliche sieht oder spürt – da ist nichts zu machen. Eine radikale Veränderung der Farben ist möglich, aber wenn sie wirklich erfolgt, weckt das beim Zuschauer Empfindungen, die bisher kaum analysiert wurden: Sie unterscheiden sich von denen, die er bei einem »natürlichen Erzeugnis« haben würde.

Einige Aufnahmeleiter verlassen sich ganz auf die Labore (oder scheren sich einen Dreck darum), andere sind ziemlich anspruchsvoll, was die Korrekturen angeht, weil sie genau wissen, welche Wirkung sie erreichen wollen. Wissenswert ist, dass die Kopien, die während der Dreharbeiten gezogen und angesehen werden, nur sehr grob abgestimmt sind. Es kann also passieren, dass der erwünschte Effekt zunächst auf dem Bild nicht sichtbar ist. Die Licht- und Farbabstimmung ermöglicht dem Aufnahmeleiter dann nachträglich, den vom Regisseur gewünschten Effekt zu erzielen, wenn er ihn richtig umgesetzt und keinen Fehler gemacht hat.

Im Labor kann immer ein Unglück passieren, sogar im letzten Moment, wenn man die Nullkopie zieht (die Kopie, in der alles stimmt, die erste Kopie, die theoretisch brauchbar sein müsste, die es aber nicht immer ist, weil es immer noch Fehler geben kann, die korrigiert werden müssen). Es gibt dann nur eine Lösung: Die beschädigten Szenen müssen nachgedreht werden. Für einen solchen Fall treten die Versicherungen ein und tragen die Kosten des Nachdrehs.

Die Musik

Die Filmmusik bereitet einem wirklich Kopfzerbrechen. Da ein Film selbst leicht musikalisch sein sollte, reicht meiner Meinung nach eine Musik nicht aus, die nur den Rhythmus des Films unterstreicht.

Reden wir lieber nicht von einer Musik, die die Wendepunkte unterstreicht – sie ist immer lächerlich. Ein Beispiel: Ein Mann trinkt einen und die Musik macht gluckgluck. Ich vergesse nie den wunderbaren Satz der Schauspielerin Bette Davis: »Ich bin bereit, die Treppe hinaufzustürzen, unter der Bedingung, dass Max Steiner es nicht zur selben Zeit tut.«

Welche Rolle spielt die Musik in einem Film? Nach reiflicher Überlegung würde ich sagen, dass sie dem Zuschauer in Erinnerung rufen soll, dass das, was er sieht, nur ein Teil von dem ist, was ist. Zum Beispiel: Wenn man Musik in einem Moment verwendet, in dem nichts passiert, in dem sich jedoch eine Situation klärt, kann die Musik unterstützend wirken, selbst wenn es sich nur um einige wenige Töne handelt. Nehmen wir das Beispiel einer sehr wirksamen Musik, der von Miklós Rózsa für *La Maison du docteur Edwardes* (*Spellbound; Ich kämpfe um dich*) von Hitchcock. Der Film ist eine höchst einfältige Posse, wenn man so will, aber er hat dennoch Wichtiges zu sagen. Das wird nicht durch die Musik gesagt, aber die Musik hilft verständlich zu machen, dass es Dinge hinter den Dingen gibt. Das Dumme ist, dass Rózsa bei anderen Filmen, die nicht dasselbe Potential an Dichte hatten, dasselbe System benutzte. Was in einem Film wirkungsvoll sein kann, ist es jedoch nicht unbedingt in einem anderen.

Eine Musik, die nach den Dreharbeiten speziell für einen Film geschrieben wird, kann Probleme mit sich bringen. In Hollywood kommt es vor, dass ein »Music Director« einem erklärt, wo man Musik verwenden soll: Achtundzwanzig Sekunden, die anfangen, wenn die Tür aufgemacht, und enden, wenn sie zugemacht wird. Die einzige Musik, die man sich für den betreffenden Abschnitt gut vorstellen kann, ist eine, die der Handlung entspricht oder ihr entschieden zuwiderläuft. Das »Dazwischen« ist entsetzlich.

Eine andere Möglichkeit ist, bereits vorhandene Musik zu nutzen. Michel Deville macht das regelmäßig. Auch das hat seine Nachteile. Ich habe das bei *Docteur M* (*Dr. M*) gemacht; ich wählte Hindemith, wegen seiner deutschen, kantigen Eigenschaften. Aber ich hatte wahnsinnige Mühe, passende Auszüge zu finden. Ein »Potpourri« zu machen, hieße, den Genius des Komponisten zu missachten.

Man kann auch ganz auf Musik verzichten. Aber wenn Sie anfangen, einen Schleier zu tragen, sollten Sie auch wissen, wann und wo Sie ihn tragen wollen. Wenn Sie die Nasenspitze bedecken, ohne die Pobacken zu verhüllen, sehen Sie einfach lächerlich aus.

Meine Methode ist eine andere: Ich bitte den Komponisten, das Drehbuch zu lesen. Er schreibt dann die Musik, zu der ihn die Atmosphäre des Drehbuchs inspiriert, Stücke unterschiedlicher Länge und außerdem zwei oder drei, deren Länge variieren kann (mit ein, zwei oder drei Teilen). Und er lässt sie mich selbst platzieren. Entweder er hat sich vertan – bedauerlich für mich. Oder was er gemacht hat, entspricht dem Gefühl, das ich habe, während ich den Film drehe. Vor allem habe ich, wenn ich den fertigen Film ansehe, völlig freie Hand, die Musik so einzusetzen, wie ich möchte. Die gleiche Freiheit wie beim Schreiben meiner Szenen.

Diese Methode setzt eine beschränkte Zahl von Instrumenten voraus, höchstens ein Oktett oder ein Nonett. Ein großes Orchester ist weniger anpassungsfähig: Fünf Sekunden eines aus hundert Musikern bestehenden Orchesters mit den Chören der Sixtinischen Kapelle – das wäre einfach lächerlich. Ich sage es noch einmal: Ich glaube nicht, dass die Musik da ist, um dem Film einen Rhythmus zu geben – da liegt die Gefahr. Alle Versuche, Szenen durch die Musik zu rhythmisieren sind zum Scheitern verurteilt, wenn die Szenen nicht ihren eigenen Rhythmus haben.

Ich meine selbstverständlich nicht »Opernfilme« im Stil von Eisenstein. Wie es in *Irma la Douce* heißt: Das ist eine andere Geschichte.

Die Tonmischung

Beim Mischen werden Bild und Ton zusammengefügt: die realen oder hinzugefügten Geräusche (Geräuschkulisse, äußere Geräusche, Musik). Es ist der magische Augenblick, in dem man versucht, das Ganze aufeinander abzustimmen. Es ähnelt ein bisschen dem Drehen am Radioknopf, wenn man die genaue Wellenlänge sucht.

Das Mischen ist für mich immer wieder eine große Freude, denn es erlaubt mir, das Verhältnis von Bild und Ton endlos zu verfeinern. Ich habe bereits von der Szene der *Chaînes conjugales* gesprochen, in der Mankiewicz mit vier Tönen Rumba unglaublich subtile Nuancen einführt. Nehmen wir das Beispiel von zwei jungen Leuten, die merken, dass sie sich lieben, und die sich anblicken. Zwischen ihnen herrscht Schweigen. Dieses Schweigen – Sie können seine Töne verfeinern, es auf zig Arten anfüllen und die Beziehung zwischen den beiden Schauspielern vollkommen verändern. Und wenn Sie vorher wissen, was Sie in diesem Augenblick vermitteln möchten, und Sie haben vor, eine bestimmte Art von Ton zu verwenden, dann können Sie ihn genau auf das Bild abstimmen.

Die Verwertung

Das Anlaufen des Films in den Kinos ist eine Etappe, an der ich mich nicht beteiligen möchte. Sie ist Sache desjenigen, der den Film bezahlt hat, das heißt des Produzenten. Er hat das Recht, sein Geld wieder einspielen zu wollen, und ich habe kein Recht, ihn daran zu hindern. Alles, was ich tun kann, ist, meine Meinung über den Trailer, das *Making of* oder das Filmplakat zu äußern. Manchmal ziehe ich mich mit dem Argument aus der Affäre, dass ich nichts davon verstehe.

Davon abgesehen gibt es ein stillschweigendes Übereinkommen zwischen Regisseur und Produzent: Der Regisseur macht zuerst den Film und dann spielt er den Hampelmann. Das heißt, wenn der Film herauskommt, klappert er die Medien ab, um seinen Kram zu verkaufen.

Ich gebe gerne ein paar Weisheiten über den Film von mir und versuche, ihn in einem Satz zusammenzufassen. Denn das kann dem Publikum helfen, den Film so zu sehen, wie er meiner Meinung nach gesehen werden sollte.

Die Rezeption des Films

Letzte interessante Etappe: die Rezeption des Films durch die Kritik und das Publikum.

Für die, die den Film gemacht haben, hat die Kritik, wenn sie schlecht ist, immer etwas Schockierendes. Die erste Reaktion ist natürlich: »Was kann dieses Arschloch, das zwei Stunden darauf verwandt hat, den Film zu sehen, und vier Stunden, darüber einen Artikel zu schreiben, davon verstehen?«

Fällt die Kritik dagegen positiv aus, meinen sie, der Journalist hätte ausgezeichnet gearbeitet. Es gibt da also ein Problem. Ich glaube, ich habe die Lösung. Die Kritik – wie redlich oder unredlich ihr Verfasser auch sein mag – ist das Ergebnis der Empfindung einer Person in einem bestimmten Augenblick, einer Person, die die Möglichkeit hat, diese Empfindung mitzuteilen. Das ist alles.

Verschiedene Konstellationen sind denkbar:
- Der Film hat sowohl bei der Kritik als auch beim Publikum Erfolg. Man neigt dann ein bisschen dazu, wie James Mason in *Derrière le miroir* (*Bigger than life*) zu werden. Und Sie sagen sich: »Es ist geschafft, ich bin wirklich gut. Auf dem Weg zur Unsterblichkeit.«
- Der Film hat Erfolg beim Publikum, aber nicht bei der Kritik. Bis auf eine kleine Bitterkeit kommen Sie darüber hinweg.
- Der Film hat Erfolg bei der Kritik, aber nicht beim Publikum. Das liefert dem Regisseur Stoff für eine

Rechtfertigung bei den Geldgebern. Er kann sagen: »Der Film wurde schlecht lanciert.« Der Produzent macht bei den offiziellen Diners keine allzu lächerliche Figur. Er hat Geld verloren, aber er hat keinen Mist produziert.

– Der Film ist sowohl bei der Kritik als auch beim Publikum ein Misserfolg. Nun muss der Filmemacher sein Gewissen erforschen. Am Ende der Gewissensprüfung ist er davon überzeugt, dass entweder er selbst oder alle anderen sich geirrt haben. Im zweiten Fall könnte es sich vielleicht um einen zeitbedingten Irrtum handeln: »In zehn Jahren wird man sehen.« Manchmal stimmt das und es kann jahrelang – so viele Jahre, wie es eben braucht – dauern, bis ein Film Anerkennung findet. Das kommt vor. Ebenso können sich Filme, die in den Himmel gehoben wurden, zwanzig Jahre später als armselige Erzeugnisse herausstellen.

Im Allgemeinen ist es den Produzenten und den Regisseuren lieber, dass ein Film gut läuft, als umgekehrt – trotz einer schlechten Kritik. Es ist ganz einfach eine Frage des Überlebens.

Statt eines Schlusswortes

Wer Filme macht und nicht merkt, dass die Zeit der Dreharbeiten eine Zeit der Freude ist, sollte aufhören, Filme zu drehen. Er sollte etwas anderes machen. Es gibt sechsunddreißig andere Möglichkeiten, sich auszudrücken.

Einige Regisseure sagen: »Mein Film ist fertig, ich muss ihn nur noch drehen.« In gewisser Weise stimmt das. Aber das Drehen ist ein wirkliches Glück, muss es sein.

Natürlich ist es ein Glück, wenn man weiß, wohin man geht. Wenn man sich wie ein Blinder vorwärts tastet, wie es manchmal vorkommt, erzeugt es große Angst bei allen.

Filme von Claude Chabrol

(Autor, Regisseur oder Produzent, Produktionsjahr in Klammern)

Le coup du berger (1956)

Le beau Serge – *Die Enttäuschten* (1958)

Les Cousins – *Schrei, wenn du kannst* (1958)

A double tour – *Schritte ohne Spur* (1959)

Les bonnes femmes – *Die Unbefriedigten* (1959)

Godelureaux – *Speisekarte der Liebe* (1960)

Les jeux de l'amour (1960)

Les sept péchés capitaux, L'avarice – *Der Geiz* (1961)

Ophélia – *Ophelia* (1961)

L'Œil du Malin – Das *Auge des Bösen* (1961)

Landru – *Der Frauenmörder von Paris* (1962)

Les plus belles escroqueries du monde – *Die Frauen sind an allem schuld* (1963)

La Chance – *Schräger Charme und tolle Chancen* (1964)

Paris vu par … (1964)

Le tigre aime la chair fraiche *Der Tiger liebt nur frisches Fleisch* (1964)

Marie-Chantal contre le Dr. Kah *MC contra Dr. Kha* (1965)

Le tigre se parfume à la dynamite – *Der Tiger parfümiert sich mit Dynamit* (1965)

La ligne de démarcation (1966)

Le scandale – *Die Champagner-Mörder* (1966)

La route de Corinthe – *Die Straße von Korinth* (1967)

Les biches – *Zwei Freundinnen* (1967)

La femme infidèle – *Die untreue Frau* (1969)

Que la bête meure – *Das Biest muss sterben* (1969)

Le Boucher – *Der Schlachter* (1970)

La rupture – *Der Riss* (1970)

Juste avant la nuit – *Vor Einbruch der Nacht* (1971)

La décade prodigieuse *Der zehnte Tag* (1971)

Docteurs Popaul – *Doktor Popaul/ Der Halunke* (1972)

Les noces rouges – *Blutige Hochzeit* (1972)

Nada – *Nada* (1973)

L'Uranie vermeille (1973)

De Grey (1973)

Le bar de désolation (1973)

Les innocents aux mains sales *Die Unschuldigen mit den schmutzigen Händen* (1974)

Une partie de plaisir – *Eine Lustpartie* (1974)

Les magiciens – *Die Schuldigen mit den sauberen Händen* (1975)

Folies bourgeoises – *Die verrück-
ten Reichen* (1975)
Initation au meurtre – *Die Schul-
digen mit den sauberen
Händen* (1976)
Alice ou la dernère fugue – *Alice*
(1976)
Violette Nozière – *Violette Noziere*
(1977)
Les liens du sang/Blood Relati-
ves – *Blutsverwandte* (1977)
Fantomas: L'Echafaud Magique
*Fantomas: Das verhängnisvolle
Rendezvous* (1979)
Fantomas: Le Tramway Fantome
*Fantomas: Der rote
Diamant* (1979)
Le Cheval d'orgueil – *Das Traum-
pferd* (1980)
Les Affinites Electives – *Die
Wahlverwandtschaften* (1981)
Les fantômes du chapelier – Die
Fantome des Hutmachers (1982)
Le sang des autres – *Das Blut der
Anderen* (1984)
Poulet au vinaigre – *Hühnchen in
Essig* (1984)
Partage de minuit (1985)
Inspecteur Lavardin – *Inspektor
Lavardin oder die
Gerechtigkeit* (1985)
Masques – *Masken* (1987)
Le Cri du hibou – *Der Schrei der
Eule* (1986)

Une affaire de femmes – *Eine
Frauensache* (1988)
Les dossiers de l'Inspecteur
Lavardin: Diable en ville –
*Inspektor Lavardin: Der Teufel in
der Stadt* (1988)
Les dossiers de l'inspecteur
Lavardin: Maux croises –
*Inspektor Lavardin: Tödliches
Rätsel* (1988)
Les dossiers de l'Inspecteur
Lavardin: L'escargot noir –
*Das Geheimnis der schwarzen
Schnecke* (1988)
Docteur M – *Dr. M* (1989)
Jours tranquilles à Clichy – *Stille
Tage in Clichy* (1998)
Madame Bovary (1990)
L'Œil de Vichy – *Das Auge von
Vichy* (1992)
Betty – *Betty* (1993)
L'Enfer – *Die Hölle* (1994)
La Cérémonie – *Biester* (1995)
Lumière & Compagnie L (1995)
Rien ne va plus – Das *Leben ist
ein Spiel* (1997)
Au coeur du mensonge – *Die
Farbe der Lüge* (1998)
Merci pour le chocolat – *Chabrols
süßes Gift* (2000)
La fleur du mal – *Die Blume des
Bösen* (2002)

TOM LAZARUS
Professionelle Drehbücher schreiben

Erfolgsmethoden für Film & TV

Deutsch von Kerstin Winter
220 Seiten · Deutsche Erstausgabe 2003
ISBN 3-932908-55-0

In *Professionelle Drehbücher schreiben* verrät
Ihnen der preisgekrönte Filmemacher und
Drehbuchautor Tom Lazarus die Geheim-
nisse eines Hollywood-Autors – Finessen,
Tricks und Insidertipps, wie man eine Idee maximiert, nach welchen
Kriterien Lektoren und Produzenten Drehbücher beurteilen und wie
Sie überzeugend pitchen, ins Geschäft kommen – und bleiben.

»Tom is God!« *(Ein Student)*

CHRISTOPHER KEANE
Schritt für Schritt zum erfolgreichen Drehbuch

*Mit einem vollständigen,
kommentierten Drehbuch*

Vorwort von Casablanca-Autor
Julius J. Epstein
Deutsch von Kerstin Winter
408 Seiten · Deutsche Erstausgabe 2002
ISBN 3-932909-64-X

»Dieses Buch ist eine Alternative für alle, die sich nicht mit den philo-
sophischen Betrachtungen ... aufhalten und gleich ans Eingemachte
wollen. Christopher Keane verrät seine Erfolgsrezepte. Das Gütesiegel
ist garantiert, wenn der Koautor von Casablanca das Vorwort verfasst.«
(Neue Zürcher Zeitung)